# KARMA YOGA

DER WEG ZUR

VOLLKOMMENHEIT DURCH WERKE

VON

**SWAMI VIVEKANANDA**

ÜBERTRAGEN VON DR. FRANZ HARTMANN

DIESER DRUCK DIENT AUSSCHLIESSLICH DER ESOTERISCHEN FORSCHUNG UND WISSENSCHAFTLICHEN DOKUMENTATION.

Für Schäden, die durch Nachahmung entstehen, können weder Verlag noch Autor haftbar gemacht werden.


Verlag: Edition Geheimes Wissen
Internet: www.geheimeswissen.com
E-Mail: www_geheimeswissen_com@gmx.at

ISBN 978-3-902881-43-4

I.

# KARMA IN SEINER WIRKUNG AUF DEN CHARAKTER

Das Wort »Karma« ist von dem Sanskritwort »Kri«; »tun«, hergeleitet. Alles was getan wird, ist Karma. Technisch bedeutet dieses Wort auch die Wirkungen von Handlungen. In Verbindung mit Metaphysik stellt es die Wirkungen dar, deren Ursachen unsere vergangenen Taten waren. Aber im Karma Yoga haben wir es einfach mit dem Worte Karma, »Werk« bedeutend zu tun. Das Ziel der ganzen Menschheit ist Erkenntnis. Sie ist das einzige Ideal, worauf die östliche Philosophie uns hinweist. Nicht Vergnügen, sondern Erkenntnis ist das Ziel des Menschen. Vergnügen und Glückseligkeit nehmen ein Ende. Die Menschen irren, wenn sie meinen, dass Vergnügen das Ziel sei. Die Ursache aller Leiden, die wir in der Welt haben, ist, dass die Menschen fälschlicherweise Vergnügen für das Ideal halten. Später merken sie, dass sie nicht der Lust, sondern der Erkenntnis entgegengehen» dass sowohl Freude, als auch Schmerz große Lehrer sind und man vom Guten wie vom Bösen lernen kann. Freude und Leid, die über die Menschenseele hinwegziehen, lassen verschiedene Bilder darin zurück, und das Resultat dieser vereinigten Eindrücke ist das, was man »Charakter« nennt. Nehmt den Charakter eines Menschen, und ihr habt in Wahrheit nichts als seine Neigungen, die Totalsumme seiner Geistesrichtung; ihr werdet finden, dass Glück und Unglück gleiche Faktoren in Heranbildung dieses Charakters waren. Gut und Böse haben gleichen Anteil an der Charaktermodellierung, und in manchen Fällen ist Not ein größerer Lehrer als

Glück. Wenn ich die großen Charaktere, die die Welt hervorgebracht hat, studiere, so wage ich zu sagen, dass in der überwiegenden Mehrheit der Fälle Unglück mehr als Glück, Armut mehr als Reichtum lehrte, und das Schläge das innere Feuer besser zutage förderten als Lob.

Diese Erkenntnis aber wohnt im Menschen selbst; keine Erkenntnis kommt von außen, alles ist im Innern. Wenn wir sagen, dass ein Mensch etwas »weiß«, so sollte es in streng psychologischer Sprache heißen, dass er es »entdeckt«, in dem Sinne, dass »entdecken« so viel bedeutet, als: er nimmt die Decke von seiner Seele ab, die eine Goldgrube unendlichen Wissens ist. Wir sagen, dass Newton die Gravitation entdeckte. Saß sie etwa irgendwo in einer Ecke und wartete auf ihn? Sie war in seinem eigenen Geiste vorhanden, und als die Zeit kam, da fand er sie. Alle Erkenntnis, die die Welt jemals empfing, kommt aus dem Geiste. Die unbegrenzte Bibliothek des Universums ist in unserm eigenen Geiste. Die äußere Welt, ist nur die Anregung, die Gelegenheit, die euch antreibt, euren eignen Geist zu studieren; aber der Gegenstand eures Studiums ist immer euer eigner Geist. Das Fallen eines Steines gab Newton die Anregung, und er erforschte seinen Geist. Er ordnete die alten Kettenglieder seines Geistes und fand ein neues Glied darunter, das wir das Gesetz der Gravitation nennen. Es war weder der Stein, noch irgendetwas anderes im Zentrum der Erde, und so kommt alle Erkenntnis, weltliche oder geistliche, aus dem menschlichen Geiste. In vielen Fällen wird sie nicht entdeckt, sondern bleibt bedeckt; doch wenn die Decke langsam abgenommen wird, so sagen wir, dass wir »lernen«, und der Fortschritt des Erkennens wird durch den Fortschritt dieses Entdeckungsprozesses gemacht. Der Mensch, von dem dieser Schleier abgehoben wird, ist der erkennende Mensch, der, auf dem er schwer liegen bleibt, ist unwissend, und von wem er ganz verschwunden ist, der ist der Alleswissende, der Allwissende. Es hat allwissende Menschen gegeben und wird, wie ich glaube, auch jetzt und in den kommenden Zyklen Myriaden solcher geben. Wie Feuer in einem Stück Feuerstein, befindet sich die Erkenntnis im Geiste, und die Anregung ist die Reibung, die jenes Feuer heraustreibt. So bei all unserm Tun, unseren Tränen und unserm Lächeln, unsern Freuden und Kümmernissen, unserm Weinen und Lachen, unsern Flüchen und Segnungen, unsern Lobpreisungen und unserm Tadel, bei jedem einzelnen finden wir, wenn wir ruhig unser eigenes Selbst studieren, dass es durch mancherlei Schläge und Stöße hervorgerufen wurde. Das Resultat ist, was wir sind. Alle diese Schläge zusammen genommen, werden »Karma«, »Werk«, genannt. Jeder geistige und physische Schlag, der der Seele gegeben wird, um das Feuer herauszubringen, ihre eigene Macht und Erkenntnis zu entdecken, ist Karma, »Karma« in seinem, allgemeinen Sinne gebraucht: und so schaffen wir allezeit Karma. Ich spreche zu euch, das ist Karma; ihr hört zu, es ist Karma; wir atmen, Karma; wir gehen, Karma; wir sprechen, Karma. Alles, was wir physisch und geistig tun, ist Karma und drückt uns sein Gepräge auf.

Es gibt gewisse Werke, die sozusagen das Aggregat, die Totalsumme einer großen Anzahl kleiner Werke sind. Wenn wir am Meeresufer stehen und die Wogen an den steinigen Strand schlagen hören, so kommt es uns wie ein gewaltiger Lärm vor, und doch wissen wir, dass jede Woge in Wahrheit aus Millionen und aber Millionen winzig kleiner Wellen besteht, von denen jede einzelne Geräusch verursacht, wenn wir den Klang auch nicht vernehmen und ihn nur hören, wenn sie zum großen Aggregate werden. So hat jeder Herzschlag ein Resultat; einige davon fühlen wir, und sie werden greifbar für uns; sie sind zu gleicher Zeit das Aggregat einer Anzahl kleiner Werke. Jeder Narr wird zur einen oder andern Zeit ein Held. Beobachtet, wie ein Mensch seine allergewöhnlichsten Handlungen tut, denn diese Dinge werden euch den wahren Charakter eines großen Mannes offenbaren. Große Gelegenheiten erheben selbst das niedrigste menschliche Wesen zur Größe; aber der ist ein wirklich großer Mann, dessen Charakter immer groß ist, immer derselbe, wo er auch sein mag.

Dieses Karma in seiner Wirkung auf den Charakter ist die furchtbarste Macht, mit der der Mensch zu rechnen hat. Der Mensch ist sozusagen ein Zentrum und zieht alle Kräfte des Universums an sich heran, verschmilzt sie miteinander in diesem Zentrum und wirft sie in einem breiten Strom wieder aus. Dieses Zentrum ist der wirkliche Mensch, der allmächtige, allwissende, der das ganze Universum an sich zieht: Gut und schlecht, Leid und Lust, alles kommt ihm entgegen und hängt sich an ihn an; aus ihm gestaltet er die gewaltige Kraft, Charakter genannt, und betätigt sie nach außen. So wie er die Macht hat, alles einzuziehen, so auch die Macht, es auszustoßen.

So sind denn alle Taten, die wir in der Welt sehen, alle Bewegungen in der menschlichen Gesellschaft, alle Werke um uns her, einfach die Entfaltung des Gedankens, die Manifestation des menschlichen Willens, Maschinen, Instrumente oder Städte, Schiffe, Kriegsvolk, sie alle sind nichts als die Willensoffenbarung des Menschen; dieser Wille aber ist durch den Charakter und der Charakter durch Karma gebildet. Wie Karma ist, so ist die Manifestation des Willens. Die gewaltig willensstarken Männer, die die Welt hervorgebracht hat, sind alle gewaltig Wirkende gewesen, ungeheure, gigantische Menschen, mit großartigen Willenskräften, die mächtig genug waren, um Welten über den Haufen zu werfen, und sie erreichten das durch beharrliches Wirken durch Zeitalter und Zeitalter hindurch. Solch riesenhafter Wille, wie ihn Buddha oder Jesus hatten, kann nicht in einem Leben erworben werden, denn wir wissen, wer ihre Väter waren. Es ist nichts davon bekannt, dass diese jemals ein Wort zum Wohle der Menschheit gesprochen hätten. Millionen und Millionen von Zimmermännern wie Joseph sind dahingegangen; Millionen leben noch. Millionen und Millionen kleiner Könige wie Buddhas Vater sind in der Welt gewesen. Wenn es um ein Fall erblicher Übertragung ist, wie wollt ihr erklären, dass dieser kleine unbedeutende Prinz, dem vielleicht von seinen eigenen Untergebenen der Gehorsam verweigert wurde, diesen Sohn hervorbrachte, den eine halbe Welt anbetet? Wie wollt ihr die Kluft erklären, die zwischen dem Zimmermann und seinem Sohne liegt, den Millionen menschlicher Wesen als Gott verehren? Durch jene Theorie kann sie nicht erklärt werden. Woher kam der gigantische Wille, mit dem Buddha die Welt in Staunen versetzte, und der von Jesus ausging? Woher kam diese Anhäufung von Kraft? Sie musste schon durch Zeitalter und Zeitalter vorhanden gewesen sein, immer größer und größer werdend, bis sie in der menschlichen Gesellschaft als Buddha oder Jesus hervorbrach, um sich bis auf den heutigen Tag zu erstrecken.

Und all dieses wird durch Karma, die Tat, bestimmt. Niemand kann etwas erhalten, das er nicht erworben hat; das ist ein ewiges Gesetz; und wenn wir auch denken, es sei nicht, so werden wir doch im Laufe der Zeit davon überzeugt werden. Ein Mensch mag sich sein Leben lang damit abquälen, reich zu werden; er mag Tausende betrügen, aber wenn ihm zuletzt klar wird, dass er es nicht verdiente, so wird ihm sein Leben zur Qual und zum Verdruss. Ob wir auch noch so viel für unsere leiblichen Vergnügungen zusammenscharren, so gehört uns doch am Ende nur, was wir verdienen. Ein Narr mag alle Bücher der Welt zusammenkaufen und sie in seiner Bibliothek aufstellen, so wird er doch nur die zu lesen imstande sein, die er verdient, und dieses Verdienen ist durch Karma bedingt. Unser Karma bestimmt, was wir verdienen und uns zu eigen machen können. Wir sind verantwortlich für das, was wir sind, und haben auch die Macht, uns zu dem zu machen, was wir zu sein wünschen. Wenn das, was wir jetzt sind, durch unsere früheren Handlungen geschaffen wurde, so folgt daraus, dass wir uns durch unsere gegenwärtigen Taten zu dem machen können, was wir dereinst zu sein wünschen, und so müssen wir wissen, wie wir zu handeln haben. Ihr werdet sagen: »Was nützt es zu lernen, wie man wirken soll? Jedermann wirkt in dieser Welt«. Aber es gibt ein Wegtändeln, ein Vergeuden unserer Kräfte. Hinsichtlich dieses Karma Yoga wird in der Bhagavad Gita gesagt, dass

Karma — Yoga schaffen ist, aber mit Klugheit und wie eine Wissenschaft, indem man weiß, wie das Werk getan sein muss, das die größten Resultate erzielen wird. Ihr müsst bedenken, dass all diese Arbeit nur dazu da ist, die schon vorhandene Geisteskraft ans Tageslicht zu fördern und die Seele aufzuwecken. Die Kraft wohnt im Inneren eines jeden Menschen, und die Erkenntnis ist da; diese verschiedenen Werke sind die Stöße, die sie herausbringen und den Riesen veranlassen sollen, aufzuwachen;

Ein Mensch wirkt aus verschiedenen Beweggründen; es kann keine Handlung ohne ein Motiv geben. Einige Leute wollen berühmt werden, und sie arbeiten um Ruhm; andere ersehnen Geld, und sie schaffen um des Geldes willen. Andere wollen Macht, und sie arbeiten um Macht. Andere wollen den Himmel, und sie arbeiten, um in den Himmel zu kommen. Andere wollen einen Namen hinterlassen, wenn sie sterben, wie man in China tut, wo niemand einen Titel erhält, bevor er tot ist, was, nebenbei gesagt, eine recht gute Methode ist. Wenn sich ein Mann besonders auszeichnet, so gibt man seinem verstorbenen Vater oder Großvater einen Adelstitel. Einige der mohammedanischen Sekten arbeiten ihr ganzes Leben lang, um sich ein großartiges Grabmal zu erwerben, wenn sie sterben. Ich kenne Sekten, unter denen man, sobald ein Kind geboren ist, anfängt, sein Grabmal vorzubereiten; es ist die wichtigste Arbeit, die ein Mensch zu tun hat, und je größer und schöner das Grabgewölbe ist, umso mehr gilt der Mann. Andere verrichten ihr Werk wie eine Strafarbeit; sie tun alle möglichen schändlichen Dinge und errichten nachher einen Tempel oder geben den Priestern etwas, damit diese sie loskaufen und ihnen einen Freibrief für den Himmel ausstellen. Sie glauben dadurch rein zu werden und straffrei auszugehen. Das sind einige der verschiedenen Beweggründe zum Arbeiten.

Wirket um des Werkes willen. Nur wenige gibt es in jedem Lande, die wirklich das Salz der Erde sind und um des Werkes willen arbeiten, die nichts nach Namen oder Ruhm fragen, noch den Himmel erobern wollen. Sie arbeiten nur, weil sie Gutes damit tun. Andere erweisen den Armen Gutes und helfen der Menschheit aus noch höheren Motiven: nämlich, weil es gut ist und sie das Gute lieben. Um noch einmal auf die Motive von Name und Ruhm zurückzukommen, so muss man sagen, dass diese selten unmittelbaren Erfolg haben, sondern erst dann zu uns kommen, wenn wir alt und mit dem Leben fertig sind. Was aber wird aus einem Menschen, der ohne jegliches selbstsüchtiges Motiv wirkt? Gewinnt er nichts dabei? O ja, er ist der höchste Gewinner. Selbstlosigkeit zahlt mehr; nur haben die Leute nicht die Geduld sie auszuüben. Sie zahlt sogar in physischen Werten mehr. Liebe, Wahrheit und Selbstlosigkeit sind nicht nur moralische Redefiguren, sondern das höchste Ideal, weil sie eine so große Manifestation von Kraft sind. Die Hauptsache ist, dass ein Mann, der fünf Tage oder fünf Minuten ohne irgendeinen egoistischen Beweggrund wirkt, ohne an die Zukunft, den Himmel, Strafe oder derartiges zu denken, ein Riese wird. Schwer ist es, das zu tun; doch im Herzen unseres Herzens kennen wir den Weg davon und das Gute was es bedingt. Es ist die größte Betätigung von Kraft und eine gewaltige Zügelung. Sich zu zügeln ist eine Manifestation von mehr Kraft, als alle hervorbrechende Tat. Ein Wagen mit vier Pferden mag den Hügel ungezügelt herunterjagen, oder der Kutscher kann die Pferde zurückhalten. Welches ist die größere Kraftbetätigung: sie laufen zu lassen oder sie zu zügeln? Eine durch die Luft fliegende Kugel durchmisst eine weite Distanz und fällt dann nieder; eine andere wird in ihrem Fluge jäh unterbrochen, indem sie gegen eine Mauer schlägt, und intensive Hitze wird erzeugt. So folgt all dieses Heraustreten einem selbstsüchtigen Motiv und verschwindet; es wird nicht zu euch zurückkehren, doch wenn man es zügelt, so wird es sich entfalten. Selbstbezwingung wird einen gigantischen Willen erzeugen, jenen Charakter, der eine Welt in Bewegung setzt. Törichte Leute kennen das Geheimnis nicht; sie wollen die Menschheit regieren; der Tor weiß nicht, dass er die ganze

Welt regieren kann, wenn er wartet. Wartet ein paar Jahre, zügelt jene tolle Regierungsidee, und wenn sie ganz verschwunden ist, so wird der Mensch das Weltall bezwingen. Aber wir sind Narren! Die meisten von uns vermögen nicht über ein paar Jahre hinauszublicken, gerade wie Tiere nicht über wenige Schritt hinaussehen können. Ein kleiner enger Kreis, das ist unsere Welt. Wir haben nicht die Geduld, darüber hinauszublicken und werden auf diese Weise unmoralisch und feige. Das macht unsere Schwäche und Kraftlosigkeit.

Aber die niedrigsten Arten des Wirkens sind nicht zu verachten. Wer es nicht besser weiß, mag für selbstsüchtige Zwecke, für Name und Ruhm wirken; doch sollte ein Mensch immer versuchen, zu den höheren Motiven zu gelangen und zu verstehen, was sie sind. »Wir haben das Recht auf Arbeit, aber nicht auf die Früchte davon«. Lasset die Früchte, lasset die Resultate fahren! Wer kümmert sich um Resultate? Wenn ihr einem Menschen helfen wollt, so denkt niemals an sein Verhalten gegen euch; trachtet nicht danach, es zu erfahren. Wenn ihr ein großes und gutes Werk tun wollt, so kümmert euch nicht um seine Erfolge.

Mit dieser Art des Wirkens taucht eine andere schwierige Frage auf. Angestrengtes Wirken ist notwendig; wir müssen immer wirken. Wir können keine Minute leben, ohne zu wirken, und was wird aus der Ruhe? *Wer* den Kampf ums Dasein aufgenommen hat, wird im Strom des sozialen Lebens rasend mit herumgewirbelt. Ein anderes Bild des Lebens ist Ruhe, Zurückgezogenheit, alles friedlich um euch her, wenig Lärm, nur Natur. Keines von beiden ist ein vollkommenes Gemälde. Wer an solchem Platze lebt, wird, sobald er in den wogenden Strudel der Welt gerät, von ihm vernichtet werden, gerade wie der Fisch, der in den tiefen Gewässern des Meeres lebt, in Stücke geht, sobald er an die Oberfläche kommt; das Gewicht des Wassers hatte ihn zusammengehalten. Kann ein Mensch, der an Bewegung und die Unruhe des Lebens gewöhnt war, leben, wenn er an einen ruhigen Ort kommt? Der einzige

Platz, dem er entgegengeht, ist das Irrenhaus. Ein idealer Mann ist der, der inmitten der tiefsten Stille die intensivste Tätigkeit und inmitten der höchsten Tätigkeit, die Stille der Wüste findet. Er hat das Geheimnis der Selbstbeherrschung gelernt; er hat sich selbst bezwungen. Er geht durch die Straßen einer Großstadt mit all ihrem Verkehr, und sein Gemüt ist so ruhig, als ob er in einer Höhle wäre, wo ihn kein Ton erreichen kann, und dabei arbeitet er aufs angestrengteste. Das ist das Ideal des Karma Yogi, und wenn ihr das erreicht, habt, so habt ihr in Wahrheit das Geheimnis der Arbeit gelernt.

Doch wir haben mit dem Anfange zu beginnen und die Werke, so wie sie an uns herankommen, in Angriff zu nehmen, und uns langsam jeden Tag selbstloser zu machen. Wir müssen das Werk tun und die dahinter verborgene Triebfeder ausfindig zu machen suchen, wobei wir in den ersten Jahren beinahe ohne Ausnahme finden werden, dass die Motive immer selbstsüchtig sind; aber nachgerade wird diese Selbstsucht durch Beharrlichkeit verschwinden, und schließlich wird die Zeit kommen, wo wir imstande sein werden, dann und wann wirklich selbstlos zu handeln. Endlich aber hoffen wir alle, dass früher oder später eine Zeit kommen wird, da wir vollkommen selbstlos werden; und in dem Augenblick, wo wir es geworden sind, werden unsere Kräfte konzentriert, und die Erkenntnis, die nun unser ist, wird offenbar sein.

II.

# JEDER IST GROSS AN SEINEM EIGENEN PLATZ

Der Sankya-Philosophie nach ist die Natur aus drei Elementen zusammengesetzt, die im Sanskrit Sattwa, Radschas und Tamas heißen. Tamas wird als Dunkelheit oder Untätigkeit versinnbildlicht; Radschas als Tätigkeit, wo jedes Teilchen sich vom anziehenden Zentrum loszumachen sucht, und Sattwa bildet das Gleichgewicht dieser beiden, indem es Gewalt über sie erlangt. Jeder Mensch ist aus diesen drei Stoffen gebildet; in jedem von uns ist manchmal Tamas vorherrschend; wir werden träge, können uns nicht regen, sind untätig und durch gewisse Ideen niedergedrückt. Zu andern Zeiten wird Tätigkeit überwiegen, und wieder zu andern Zeiten jene ruhige Beherrschung beider: Sattwa. Wiederum ist in verschiedenen Menschen eine dieser drei Elemente im Allgemeinen vorherrschend. Das Charakteristikum des einen Menschen sind Faulheit, Dummheit, Nachlässigkeit; das eines andern Betriebsamkeit, Kraft, Energieentfaltung, und wieder eines andern Milde, Ruhe, Güte, die die beiden anderen beherrschen. So finden wir überall in der Schöpfung, in Tieren, Pflanzen und Menschen die Versinnbildlichung dieser verschiedenen Elemente. Karma Yoga hat insbesondere mit diesen drei Elementen zu tun. Indem es uns lehrt, was sie sind, und wie wir sie anzuwenden haben, hilft es uns, unser Werk besser zu tun. Die menschliche Gesellschaft ist eine Organisation mit Gradunterschieden. Wir alle kennen Moralität und wissen, was Pflicht ist, finden aber zu gleicher Zeit, dass die Moral in andern Ländern bedeutend davon abweicht. Was in einem Lande hochmoralisch ist, kann in andern völlig unmoralisch sein. Trotzdem glauben wir, dass es eine universale Normalmoralität geben muss. Ebenso ist es mit der Pflicht. Der Begriff der Pflicht ändert sich bedeutend unter den verschiedenen Nationen.

Zwei Wege stehen uns offen: der der Unwissenden, die meinen, dass es nur einen Weg zur Wahrheit gibt, und dass alle andern falsch sind, oder der Weg der Weisen, die zugeben, dass je nach der geistigen Konstitution, oder den verschiedenen Daseinsplänen, auf denen wir uns befinden, Pflicht und Moralität. verschieden geartet sein können. Sehr wichtig ist es, zu wissen, dass Gradunterschiede bei Pflicht und Moral vorhanden sind, und dass das, was in einem Lebensstadium unter besonderen Umständen Pflicht ist, es in einem andern durchaus nicht zu sein braucht.

Hierzu wird folgendes Beispiel als Illustration dienen. Alle großen Lehrer haben gelehrt: »Widerstehet nicht dem Übel«, dass es nämlich das höchste Ideal sei, dem Übel nicht zu widerstehen. Wir alle wissen, dass, wenn eine gewisse Anzahl unter uns diese Lehre ins Praktische übertragen wollte, die ganze Gesellschaftsfabrik in die Brüche gehen würde, die Gesellschaft vernichtet, die Gottlosen Besitzer unseres Eigentums und unseres Lebens werden und mit uns tun würden, was ihnen beliebt. Selbst wenn nur an einem einzigen Tage solcher Nichtwiderstand ausgeübt würde, so müsste es zur gänzlichen Auflösung der Gesellschaft führen. Trotzdem fühlen wir alle im Tiefinnersten unseres Herzens die Wahrheit der Lehre: »Widerstehet nicht dem Übel«. Das scheint uns das große Ideal zu sein; dennoch würde allein schon das Lehren dieser Doktrin gleichbedeutend mit der Verurteilung eines großen Teiles der Menschheit sein. Und nicht nur das: es würde auch den Menschen das Gefühl geben, immer Unrecht zu tun, und ihnen Gewissensskrupel in all ihren Handlungen verursachen. Es würde sie schwächen, und solche beständige Selbstmissbilligung würde mehr Laster ausbrüten, als irgendeine andere Schwäche. Dem Menschen, der angefangen hat, sich selbst zu hassen, sind Tür und Tor zur Degeneration geöffnet, und ebenso ergeht es einer Nation.

Es ist nicht unsere erste Pflicht, uns selbst zu hassen; um vorwärts zu kommen, müssen wir zunächst Glauben an uns selbst, und dann an GOTT haben. Wer nicht an sich selbst glaubt, kann niemals Glauben an GOTT haben. Demnach ist die einzige uns bleibende Alternative, zu erkennen, dass Pflicht und Moral unter verschiedenen Umständen voneinander abweichen: nicht nur, dass der Mann, der widersteht, nichts Unrechtes tut, sondern dass Widerstand unter besonderen Umständen, in die er plötzlich hineingerät, sogar zur Pflicht für ihn werden kann. Beim Lesen des ersten Kapitels der Bhagavad Gita werden manche von euch in den westlichen Ländern erstaunt gewesen sein zu finden, dass Krischna den Ardschuna einen Heuchler und Feigling nennt, weil dieser unter dem Vorwande, dass Niehl widerstand das höchste Ideal der Liebe sei, sich weigert zu kämpfen, oder seinen Gegnern, die seine Freunde und Verwandten sind, Widerstand zu leisten. Man soll die große Lektion lernen, dass beide Extreme gleich sind. Das extreme Positive und Negative ist sich immer gleich; wir sehen die Lichterscheinungen ebenso wenig, wenn sie zu langsam, als wenn sie zu schnell sind. So verhält es sich auch mit dem Tone: wenn er sehr tief ist, hören wir ihn nicht, und wenn er sehr hoch ist, ebenso wenig. Ein Mensch übt keinen Widerstand, weil er schwach und träge ist und nicht kann, aber nicht etwa, weil er nicht will; ein anderer jedoch, der wohl weiß, dass er einen unwiderstehlichen Schlag tun könnte, wenn er möchte, schlägt nicht nur nicht, sondern segnet obendrein seinen Feind. Jener, der aus Schwäche nicht widersteht, begeht eine Sünde und wird nicht den geringsten Gewinn von seinem Nichtwiderstande haben, während der andere durch Widerstand gesündigt haben würde. Buddha entsagte seinem Thron und gab seine Lebensstellung auf; er übte damit wirkliche Entsagung aus; aber in dem Falle eines Bettlers, der nichts aufzugeben hat. kann von Entsagung nicht die Rede sein. Darum müssen wir wohl beachten, wenn wir von diesem Nichtwiderstande und der idealen Liebe sprechen, was wir damit meinen, und müssen vor allen Dingen zu ergründen suchen, ob wir die Kraft zum Widerstände haben oder nicht. Sollten wir diese Kraft besitzen, so tun wir eine große Tat, wenn wir entsagen und nicht widerstehen; aber wenn wir nicht widerstehen können und uns zu gleicher Zeit vorschwindeln, dass wir von Motiven höchster Liebe geleitet würden, so tun wir das gerade Gegenteil. Ardschuna wurde beim Anblick des gegen ihn aufgestellten mächtigen Heeres zum Feigling; seine »Liebe« ließ ihn seine Pflicht gegen sein Land und seinen König vergessen. Deshalb sagte Krischna zu ihm, dass er ein Heuchler sei. »Du sprichst wie ein weiser Mann, doch deine Handlungen verraten dich als einen Feigling; darum erhebe dich und kämpfe«.

Folgendes ist die Idee des Karma Yogi: Der Karma Yogi ist der Mann, der versteht, dass das höchste Ideal Nichtwiderstand ist, der aber auch weiß, dass es die erhabenste Manifestation von Kraft ist. und dass das, was »dem Übel widerstehen« genannt wird, nur ein Schritt auf dem Wege zur höchsten Kraftentfaltung, dem Nichtwiderstande, bedeutet. Bevor er das höchste Ideal erreicht hat, ist es seine Pflicht zu widerstehen. Lasst ihn arbeiten, lasst ihn kämpfen, lasst ihn zuschlagen. Nur dann, wenn er die Kraft zum Widerstande gewonnen hat, wird Nichtwiderstand eine Tugend sein.

Untätigkeit sollte auf jeden Fall vermieden werden. Tätigkeit heißt immer Widerstand. Wider stehe allen Übeln, geistigen und physischen, und wenn du erfolgreich im Widerstehen warst, so wird Ruhe kommen. Es ist sehr leicht zu sagen: »Hasse niemanden, widerstehe keinem Übel«; aber wir wissen, was das zu bedeuten hat. Wenn die Augen der Gesellschaft auf uns gerichtet sind, so mögen wir wohl ein Schauspiel von Nichtwiderstand geben, aber im Herzen wuchert unterdessen der Krebsschaden. Wir fühlen den Mangel und wissen, dass es besser wäre zu widerstehen. Wenn ihr Reichtum wünscht und wisset, dass die ganze Welt euch sagen wird, dass der, der nach Reichtum strebt, ein höchst verächtlicher

Mensch ist, so würdet ihr vielleicht nicht wagen, euch in den Kampf um den Mammon zu stürzen, doch euer Gemüt wird Tag und Nacht dem Gelde nachjagen. Das ist Heuchelei und wird zu nichts gut sein. Stürzt euch in die Welt, und dann, nach einiger Zeit, wenn ihr alles, was sie bieten kann, genossen habt, wird sich Entsagung einstellen und mit ihr Ruhe kommen. So genügt denn euren Gelüsten nach Macht und andern Dingen, und wenn ihr eure Wünsche befriedigt habt, wird die Zeit kommen, wo ihr einseht, dass das sehr unbedeutende Dinge sind. Ehe ihr diesen Wünschen nicht genügt, und diese Tätigkeit nicht durchgemacht habt, ist es unmöglich für euch, in jenes Stadium der Ruhe und Klarheit einzutreten.*)

Diese Ideen über Seelenruhe sind vor Tausenden von Jahren gepredigt worden; jeder Geborene hat sie von Kindheit an gehört, und doch sehen wir nur sehr wenige in der Welt, die jenes Stadium wirklich erreicht haben. Ich weiß nicht, ob ich in meinem Leben zwanzig Personen begegnet bin, die in Wahrheit ruhevoll und nicht widerstehend waren, und doch habe ich die halbe Erde bereist.

Jedermann sollte es mit seinem eigenen Ideal aufnehmen und bemüht sein, diesem nachzuleben, was ein weit sicherer Weg ist, als sich anderer Leute Ideale zu bemächtigen, die man doch niemals zu erfüllen hoffen darf. Nehmen wir z. B. ein Kind und erteilen ihm die Aufgabe, zwanzig Meilen zu gehen; entweder stirbt das Kind, oder eines unter Tausenden wird die zwanzig Meilen kriechen, um das Ziel erschöpft und halbtot zu erreichen. Das ist's, was wir gewöhnlich mit der Welt zu tun versuchen. In keiner Gesellschaft sind alle Männer und Frauen von gleicher Gemütsart, gleichen Fähigkeiten oder derselben Gabe des Verständnisses für die Dinge; sie müssen verschiedene Ideale haben, und wir haben kein Recht, über irgendein Ideal zu spotten. Jedermann sollte das Beste,

---

*) Hier ist die höhere Art des Lernens vergessen worden nämlich: das Lernen durch Beobachtung. Anmerkung des Korrektors

was er kann, für sein eigenes Ideal tun. Ich sollte nicht nach dem euren, und ihr nicht nach dem meinen beurteilt werden. Der Apfelbaum sollte nicht mit dem Maßstab der Eiche und die Eiche nicht mit dem des Apfelbaumes gemessen werden. Um den Apfelbaum richtig zu beurteilen, müsst ihr ihn von seinem eigenen Standpunkte aus betrachten, die Eiche von dem ihrigen, und so ist es mit uns allen.

Einheit in Verschiedenheit ist der Schöpfungsplan. Wie sehr auch Männer und Frauen individuell verschieden sein mögen, so ist doch Einheit im Hintergrund. Die individuell verschiedenen Charaktere und Klassen der Männer und Frauen sind natürliche Variationen im Gesetze der Schöpfung. Demnach sollten wir sie nicht mit derselben Elle messen oder das gleiche Ideal für sie aufstellen. Solche Maßregel schafft nur unnützen Kampf, mit dem Resultat, dass der Mensch anfängt, sich selbst zu hassen, und gehindert wird, religiös und gut zu werden. Unsere Pflicht ist es, jedermann zu ermutigen, seinem höchsten Ideal gemäß zu leben und diesem Ideal der Wahrheit so nahe wie möglich zu kommen.

In der Morallehre der Hindu finden wir diese Tatsache schon vor uralten Zeiten anerkannt, und in ihren heiligen Schriften und Büchern über Ethik sind für die verschiedenen Menschenklassen, den Hausvater, den Sanyasi, der der Welt entsagt hat, und den Studierenden verschiedene Regeln niedergelegt.

Den Hinduschriften nach hat das Leben jedes Individuums seine besonderen Pflichten, abgesehen von denen der allgemeinen Menschheit: jeder Lebensstufe haften durch ihre eigene Natur gewisse Pflichten an. Keine dieser Lebensstadien ist den andern überlegen. Das Leben des verheirateten Mannes ist nicht weniger groß, als das des unverheirateten, der sich selbst religiösem Werke geweiht hat. Der König auf seinem Throne ist so groß und ruhmreich wie der Straßenkehrer. Nehmt ihn von seinem Throne herab und lasst ihn die Arbeit des Straßenkehrers tun, und seht, wie es ihm dabei geht.

Nehmt den Schmutzkehrer und schaut, wie er regieren wird. Es ist töricht zu sagen, dass der Mann, der außerhalb der Welt lebt, größer sei als der, der in der Welt lebt; es ist viel schwerer in der Welt zu leben und GOTT zu ehren, als sie aufzugeben und ein freies und leichtes Leben zu führen. Der Hausvater heiratet und übt seine Bürgerpflichten aus, und die Pflichten des Mannes, der die Welt aufgibt, bestehen darin, seine Kräfte allein der Religion zu widmen.

Wenn jemand die Welt verlässt, um GOTT die Ehre zu geben, so darf er nicht denken, dass die, die in der Welt leben und für das Wohl der Welt arbeiten, GOTT nicht verehrten; ebenso wenig müssen die in der Welt für Weib und Kinder Lebenden meinen, dass jene, die die Welt aufgeben, gemeine Vagabunden sind. Jeder ist groß auf seinem Platz.

Diesen Gedanken will ich durch folgende Erzählung beleuchten: Ein gewisser König pflegte alle Sanyasis, die in sein Land kamen, zu fragen: »Welches ist der größere Mann, der, der die Welt aufgibt und ein Sanyasi wird, oder der, der in der Welt lebt und seine Pflichten als Hausvater erfüllt«? Manche weise Männer versuchten das Problem zu lösen. Einige versicherten, dass der Sanyasi größer sei, worauf der König verlangte, dass sie ihre Behauptung beweisen sollten. Wenn sie es nicht konnten, befahl er ihnen zu heiraten und Hausväter zu werden. Dann kamen andere und sagten: »Der Hausvater, der seine Pflichten erfüllt, ist der größere Mann.« Auch von ihnen verlangte der König Beweise. Wenn sie solche nicht geben konnten, mussten auch sie sich als Hausväter niederlassen.

Endlich kam ein junger Sanyasi, und der König befragte auch ihn. Er antwortete: »Jeder, o König, ist gleich groß auf seinem Platz«. »Beweise es mir«, erwiderte der König. »Ich will es Euch beweisen.« sprach der Sanyasi, »aber Ihr müsst erst kommen und ein paar Tage so leben wie ich, damit ich imstande sein möge, Euch zu beweisen, was ich behaupte.« Der König willigte ein, folgte dem Sanyasi aus seinem eigenen Territorium hinaus, und durcheilte mehrere Ränder mit ihm, bis sie in ein anderes Königreich kamen. In der Hauptstadt jenes Reiches fand gerade eine große Zeremonie statt. Der König und der Sanyasi hörten den Lärm von Trommeln. Musik und Ausrufern. Das Volk war in den Straßen in festlichen Kleidern versammelt, und eine große Proklamation wurde verkündet. Der König und der Sanyasi blieben stehen, um zu sehen, was da vor sich ging. Der Ausrufer machte bekannt, dass die Prinzessin, die Tochter des Königs dieses Landes im Begriff sei, einen Gatten unter den vor ihr Versammelten zu wählen.

Es war ein alter Brauch in Indien, dass Prinzessinnen auf diese Weise ihre Gatten wählten, und eine jede hatte ihre bestimmten Ideen über die Art des Mannes, den sie zum Gemahl haben wollte. Einige verlangten den schönsten Mann, andere nur den gelehrtesten, andere wollten den reichsten usw. Die Prinzessin wurde in einem prächtigen Gewände auf einem Throne getragen, und von den Rufern die Ankündigung gemacht, dass die Prinzessin So und So bereit sei, ihren Gatten zu wählen. Dann erschienen alle Prinzen der Nachbarschaft in ihrem kostbarsten Schmucke und stellten sich ihr vor. Manchmal hatten auch sie ihren Ausrufer, der ihre Vorzüge und die Gründe aufzählte, weswegen sie von der Prinzessin gewählt zu werden hofften. Die Prinzessin wurde herumgetragen, schaute sie an und hörte, was sie ihr zu bieten hatten. Wenn sie nicht befriedigt war, so sprach sie nur zu ihren Trägern: »Vorwärts«, und nahm keine Notiz weiter von den verschmähten Freiern. Wenn ihr jedoch einer unter ihnen gefiel, so warf sie einen Kranz auf ihn und er wurde ihr Gemahl.

Die Prinzessin des Landes, wohin der König und der Sanyasi gekommen waren, beging gerade eine dieser Zeremonien. Sie war die schönste Prinzessin der Welt, und ihr Gemahl sollte nach dem Tod ihres Vaters Regent des Landes werden. Die Prinzessin wollte den schönsten Mann heiraten, aber sie konnte keinen finden, der ihr so recht gefallen hätte. Schon mehrere Male hatten diese Zusammenkünfte stattgefunden, ohne dass von der Prinzessin eine Wahl getroffen wäre. Diese Versammlung war die glänzendste von allen; mehr Leute denn je hatten sich dazu eingefunden, und es war eine höchst prachtvolle Szene. Die Prinzessin erschien auf ihrem Thronsessel, und die Träger trugen sie von Stelle zu Stelle. Sie kümmerte sich um niemand, und alle Welt war niedergeschlagen, dass auch diese Versammlung auseinandergehen sollte, ohne dass irgendjemand gewählt worden sei. Da plötzlich kommt ein junger Mann, ein Sanyasi. schön, als ob die Sonne zur Erde hernieder gestiegen wäre, stellt sich in einen Winkel der Versammlung und beobachtet von dort aus, was geschieht. Der Thron der Prinzessin kommt in seine Nähe, und so wie sie den schönen Sanyasi erblickt, hält sie an und wirft den Kranz auf ihn. Der junge Sanyasi ergreift den Kranz und wirft ihn fort, indem er ausruft: »Welcher Unsinn fällt Euch ein? Ich bin ein Sanyasi; was ist Heirat für mich«? Der König des Landes, dem der Gedanke kommt, dass dieser Mann vielleicht arm sei und deshalb nicht wage, die Prinzessin zu heiraten, spricht zu ihm: »Meine Tochter bekommt jetzt die Hälfte meines Königreiches und nach meinem Tode das ganze«, und setzt dem Sanyasi den Kranz wieder auf. Der junge Mann aber nahm ihn noch einmal ab, und sagte: »Was ist das für ein Unsinn? Ich will nicht heiraten«! und verließ eiligst die Versammlung. Doch die Prinzessin hatte sich so sehr in diesen Mann verliebt, dass sie ausrief: »Ich muss diesen Mann heiraten oder sterben«! und ihm nachfolgte, um ihn zurückzubringen. Da sprach der andere Sanyasi, der den König herbeigeführt hatte, zu diesem: »König, lass uns diesem Paar folgen«! und sie gingen in einiger Entfernung hinter ihnen her. Der junge Sanyasi, der sich geweigert hatte, die Prinzessin zu heiraten, ging einige Meilen weit ins Land hinein, und als er an einen Wald kam, trat er hinein; die Prinzessin folgte ihm, und die beiden anderen ihr. Der junge Sanyasi, der wohlbekannt mit allen Schlupf wegen dieses Waldes war, verschwand plötzlich und konnte von der Prinzessin nicht mehr entdeckt werden. Nach langen vergeblichen Bemühungen ihn zu finden, setzte sie sich unter einen Baum und fing an zu weinen, denn sie kannte den Weg nicht, der sie wieder aus dem Walde hinausgeführt hätte. Da traten der König und abändere Sanyasi zu ihr und sprachen: »Weine nicht, wir wollen dir den Weg zeigen, der aus dem Walde führt; aber jetzt ist es zu dunkel für uns ihn zu finden; hier ist ein großer Baum, unter dem wir ruhen wollen, und am Morgen werden wir früh aufstehen und dir den Weg weisen«.

Es lebte aber auf diesem Baume ein kleiner Vogel mit seinem Weibchen und drei kleinen Jungen in seinem Neste. Dieser kleine Vogel sah die drei Menschen unter dem Baume und sprach zu seinem Weibe: »Meine Liebe, was sollen wir tun? Hier sind einige Gäste im Hause, es ist Winter, und wir haben kein Feuer«. Damit flog er davon, brachte in seinem Schnabel etwas brennendes Feuerholz, warf es vor die Gäste, und sie fügten Brennholz hinzu und machten ein loderndes Feuer. Doch der kleine Vogel war noch nicht befriedigt und sagte zu seinem Weibe: »Meine Liebe, was sollen wir tun? Nichts ist da, um es diesen Leuten zu essen zu geben; sie sind aber hungrig und wir sind Haushälter; es ist unsere Pflicht, jedermann, der ins Haus kommt, zu speisen. Ich muss tun, was ich kann, und ich will ihnen meinen Körper geben«. Damit warf er sich in die Flammen und starb. Die Gäste sahen ihn fallen, und suchten ihn zu retten; aber er war zu schnell für sie, stürzte ins Feuer und wurde getötet.

Des kleinen Vogels Weib sah, was ihr Gatte tat, und sprach: »Hier sind drei Personen, und nur ein kleiner Vogel für sie zur Nahrung; das ist nicht genug, und es ist meine Pflicht als Weib dem Opfer meines Gatten das meine hinzuzufügen; sie mögen auch meinen Leib haben«, und sie stürzte in die Flammen hinab und verbrannte.

Als die drei Jungen sahen, was geschehen war, und dass immer noch nicht genügend Nahrung für die drei Gäste da war, sprachen sie: »Unsere Eltern haben getan, was sie konnten, und dennoch ist es nicht genug«. Und mit diesen Worten warfen sie sich alle in das Feuer.

Die drei Personen konnten die Vögel nicht essen und erstaunten über das, was sie sahen. So gut es ging, brachten sie die Nacht ohne Nahrung zu, und am andern Morgen zeigten der König und der Sanyasi der Prinzessin den Weg aus dem Walde, und sie kehrte zu ihrem Vater zurück.

Darauf sprach der Sanyasi zum König: »König, Ihr habt gesehen, dass jeder groß an seinem Platze ist. Wenn ihr in der Welt leben wollt, lebt wie jene Vögel, jeden Augenblick bereit, Euch für andere zu opfern. Wenn Ihr der Welt entsagen wollt, seid wie jener junge Mann, dem die schönste Frau und ein Königreich so gut wie nichts waren. Wenn Ihr ein Haushalter sein wollt, lasst Euer Leben ein Opfer für die Wohlfahrt anderer sein, und wenn Ihr das Leben der Entsagung wählt, so werfet kein Auge auf Schönheit, Geld und Macht. Jeder ist groß an seinem Platze; aber die Pflicht des einen ist nicht des anderen Pflicht«.

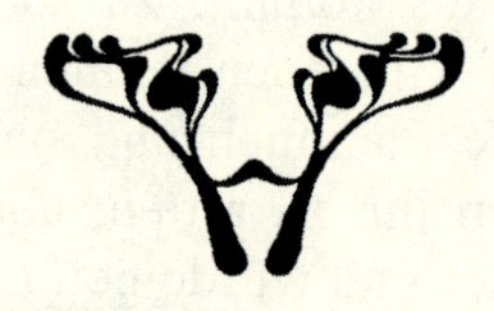

III.

# DAS GEHEIMNIS DES WERKES

Andern helfen, indem man ihre physischen Bedürfnisse befriedigt, ist in Wahrheit groß, aber die Hilfe ist umso größer, je größer das Bedürfnis, und je weittragender die Hilfe ist. Wenn eines Menschen Sorgen für eine Stunde hinweggeräumt werden können, so ist ihm in der Tat geholfen; doch wenn es für ein Jahr geschieht, so wird ihm. mehr geholfen sein, und wenn sie für immer getilgt werden können, so ist das die größte Hilfe, die ihm geleistet werden kann. Geistige Erkenntnis ist das Einzige, was unsere Leiden für immer auslöschen kann; alles andere Wissen befriedigt die Wünsche nur für kurze Dauer. Erst wenn die Natur des Menschen sich ändert, wird sein Begehren für alle Zeit verschwinden. Nur durch die Erkenntnis des Geistes wird die Fähigkeit zum Wünschen für immer vernichtet, und so hilft man einem Menschen am meisten? wenn man ihm geistig hilft. Wer dem Menschen geistiges Erkennen gibt, der ist der größte Wohltäter der Menschheit, und immer waren die die mächtigsten Männer, die den Menschen in ihren geistigen Nöten ballen, weil das die Grundlage aller anderen Werke im Leben ist. Ein geistig starker und gesunder Mensch wird stark in jeder Hinsicht sein, wenn er es wünscht; und ehe nicht geistige Stärke in der Menschheit zu finden ist, können selbst die physischen Bedürfnisse nicht befriedigt werden. Der geistigen Hilfe steht intellektuelle am nächsten. Das Geschenk geistigen Erkennens steht viel höher, als Nahrung und Kleidung zu geben; es steht selbst höher, als einem Menschen das Leben zu schenken, weil das wirkliche Leben des Menschen aus Erkenntnis besteht. Unwissenheit ist Tod und Wissen ist Leben. Das Leben ist von sehr geringem Werte, wenn es ein Leben im Dunkel ist, das zwischen Nichterkennen und Elend herumtappt. Das nächstfolgende ist natürlich, einem Menschen physisch zu helfen. Wenn wir also das Helfen anderer betrachten, so dürfen wir nicht in den Fehler verfallen, zu glauben, dass physische Hilfe die einzig wertvolle sei; physische Hilfe ist die letzte und geringste, weil es keine dauernde Sättigung gibt. Das Missbehagen, das ich empfinde, wenn ich hungrig bin, wird durch Essen getilgt; aber Hunger kehrt wieder zurück; Elend kann nur aufhören, wenn ich über alles Bedürfnis hinaus befriedigt bin; dann wird Hunger mich nicht unglücklich machen. Keine Verzweiflung, kein Leiden, kein Kummer wird imstande sein, mich zu erregen. Deshalb ist die Hilfe, die darauf ausgeht, uns geistig stark zu machen, die erhabenste Hilfe; ihr zunächst kommt intellektuelle und danach physische Hilfe.

Die Leiden der Welt können nicht nur durch physische Hilfe geheilt werden: bevor sich die menschliche Natur nicht ändert, werden diese physischen Bedürfnisse immer wieder auftauchen und werden Leiden immer gefühlt werden; keine Anhäufung physischer Hilfe wird die Welt von ihrem Elende befreien. Die einzige Lösung des Problems all dieses Elendes in der Welt ist, die Menschheit rein zu machen. Unwissenheit ist die Mutter alles Übels und alles Leidens, das wir sehen. Gebt den Menschen Licht, lasst sie geistig stark werden, und wenn ihr das ausführen könnt, wenn die ganze Menschheit rein, geistig stark und erzogen sein wird, erst dann, aber nicht früher, wird die Not in der Welt ein Ende haben. Ob wir auch jedes Haus im Lande in ein Barmherzigkeitsasyl umwandeln und die Länder mit Hospitälern anfüllen, so wird das Elend trotzdem existieren, bis der Charakter des Menschen sich ändert.

Wir lesen wieder und wieder in der Bhagavad Gita, dass wir alle unaufhörlich wirken müssen; aber alles Werk muss aus Gut und Böse zusammengesetzt sein. Wir können kein

Werk tun, das nicht irgendetwas Gutes an sich hätte, und keines, das nicht irgendwo irgendjemanden kränken würde, jedes Werk muss notwendig ein Gemisch von Gut und Böse sein, dennoch sollten wir unaufhörlich wirken. Gut und Böse werden beide ihre Folgen haben, sich ihr Karma schaffen; die gute Handlung wird gute Wirkung auf uns übertragen, die böse aber böse Wirkung. Gut und Böse jedoch sind beide Fesseln der Seele. Die in der Gita gegebene Lösung ist, dass, wenn wir uns nicht selbst an das Werk heften, es gar keinen Effekt auf uns ausüben wird. Wir wollen versuchen, zu verstehen, was mit diesem Nichtanhängen an das Werk gemeint ist.

Eine Grundidee der Bhagavad-Gita ist: »Wirket unaufhörlich, aber hängt euch nicht daran«. »Samskara« kann annähernd durch das Wort »Tendenz« (Hinneigung) übersetzt werden. Wenn wir das Gleichnis eines Sees für das Gemüt anwenden, so verschwinden darin die kleinen und. großen Wogen, wenn sie sich legen, nicht gänzlich, sondern hinterlassen ein Merkmal und die künftige Möglichkeit dass die Welle wieder auftauchen wird. Dieses Merkmal mit der Möglichkeit des Wiederauftauchens der Welle ist das, was »Samskara« genannt wird. Jedes Werk, dass wir tun, jede Bewegung des Körpers, jeder Gedanke im Gemüte hinterlässt denselben Eindruck auf die Seelensubstanz, und selbst wenn solche Merkmale auf der Oberfläche nicht sichtbar sind, so sind sie doch stark genug, uns unter der Oberfläche unterbewusst zu wirken. Was wir sind, wird jeden Augenblick durch die Totalsumme dieser Eindrücke auf das Gemüt bestimmt. Wenn gute Eindrücke überwiegen, wird der Charakter gut, wenn schlechte, so wird er schlecht. Wenn ein Mensch beständig böse Worte hört, böse Gedanken denkt, böse Handlungen begeht, so wird seine Seele von diesen Eindrücken oder Merkmalen erfüllt werden, und sie werden unbewusst die Tendenz seines Wirkens beherrschen. In der Tat arbeiten diese Eindrücke unaufhörlich, und ihr Ausdruck wird böse sein. Ein solcher Mensch muss böse sein: er kann nichts dafür: die Totalsumme dieser Eindrücke wird die starke Triebfeder zu schlechten Handlungen schaffen, er wird eine Maschine in den Händen seiner Eindrücke sein, und sie werden ihn zwingen, Böses zu tun. Ebenso wird, wenn ein Mensch gute Gedanken denkt, und gute Werke tut, die Totalsumme dieser Eindrücke eine gute sein, und sie werden ihn in der nämlichen Weise zwingen, selbst wider seinen Willen Gutes zu tun. Wenn ein Mensch so viel Gutes getan und gedacht hat, dass ein unwiderstehlicher Hang zum Gutestun, wider Willen, in seiner Natur ist, so wird seine Seele in der Totalsumme ihrer Neigungen, selbst wenn er Böses tun möchte, ihm solches nicht zu tun erlauben. Die Neigungen werden ihn davon abbringen: er ist in ihrer Gewalt. Wenn das der Fall ist, so wird eines Menschen Charakter fest genannt.

Wie die Schildkröte, die ihren Kopf und ihre Füße in das Innere ihrer Schale zurückgezogen hat, sie nicht hinausstreckt, auch wenn ihr sie tötet, oder in Stücke brecht; so fest ist auch der Charakter jenes Mannes, der Herrschaft über sein Inneres und seine Organe erlangt hat. Bei diesem beständigen Widerspiele guter Gedanken und guter, über die Oberfläche des Gemütes hinziehenden Eindrücke wird die Neigung für das Gute stark, und das Endresultat ist, dass wir die »indriyas« (die Gefühls- und Bewegungsorgane) beherrschen lernen. Erst dann wird dir Charakter befestigt sein, und dann erst gelangt ihr zur Wahrheit. Ein solcher Mann ist für immer gesichert; er kann nichts Böses tun. Versetzt ihn, wohin es euch beliebt, bringt ihn in jegliche Gesellschaft, für ihn gibt es keine Gefahr. Doch gibt es noch eine höhere Stufe, als diese gute innere Richtung: der Wunsch nach Befreiung. Ihr müsst wissen, dass Freiheit der Seele das Ziel aller dieser Yogas ist; und eine jede führt gleicherweise zu demselben Resultate. Gerade durch Werke können die Menschen dahin gelangen, wo Buddha durch Meditation und Christus durch Gebet hinkam. Buddha war ein Gnani, Christus ein Bhakta, aber das gleiche Ziel wurde erreicht.

Die Schwierigkeit liegt hier: Befreiung bedeutet gänzliche Freiheit, Freisein von den Fesseln des Guten wie des Bösen. Eine goldene Kette ist ebensogut eine Kette wie eine eiserne. Ein Dorn steckt in meinem Finger, und ich bediene mich eines andern Dorns um den ersten herauszuziehen; dann aber werfe ich beide fort. Es liegt keine Notwendigkeit vor, den zweiten Dorn zu behalten, denn beide sind immerhin nur Dornen. So muss den bösen Neigungen durch die guten entgegengearbeitet werden; und die schlechten Gemütsmerkmale sollten durch frische Wogen guter Merkmale besiegt, werden, bis die schlechten verschwinden, unterdrückt oder in einem Winkel des Gemütes im Zaume gehalten werden; doch danach müssen auch die guten Neigungen besiegt werden: aus dem Anhängenden wird ein Unabhängiger. Handelt, aber lasst die Tat oder den Gedanken keinen tiefen Eindruck auf das Gemüt ausüben; lasst die kleinen Wellen kommen; lasst gewaltige Taten vom Gehirne oder den Muskeln ausgehen, doch erlaubt ihnen nicht, einen tiefen Eindruck auf die Seele zu machen. Wie kann das geschehen? Wir sehen, dass der Eindruck jeder Handlung, mit der wir unser Selbst vereinigen, bleibt. Ich mag tagsüber hundert Personen begegnen, doch darunter vielleicht nur einer, die mir wohlgefällt; und wenn ich mich des Nachts zurückziehe und versuche, an alle die Gesichter zu denken, so erscheint mir nur das eine, das ich eine Minute lang sah und liebte; alle andern aber sind verschwunden. Mein Anhaften an diese eine Person verursachte einen tieferen Eindruck auf mein Gemüt, als alle anderen Gesichter. Physiologisch sind die Eindrücke alle dieselben gewesen; ein jedes dieser Gesichter spiegelte sich auf meiner Retina; das Gehirn nahm das Bild auf, und dennoch entstand kein gleicher Effekt auf das Gemüt. Doch was die Person betrifft, von der mir nur ein flüchtiger Schimmer wurde, so empfing ich von ihr einen tieferen Eindruck, weil die anderen Gesichter keine Ideenverbindung in meiner Seele vorfanden. Viele von ihnen waren mir vielleicht gänzlich neu, Gesichter, au die ich vorher nie gedacht; aber das eine, das nur flüchtig an mir vorübereilte, fand einen Zusammenhang in meinem Innern. Vielleicht hatte ich mir sein Bild schon vor Jahren vorgestellt, wusste hundert Dinge von ihm, und das eine neue Ding fand hundert verwandte Dinge in mir vor, und erweckte alle diese Ideenverbindungen. Der Eindruck auf meine geistige Wahrnehmung war hundertmal stärker, als das Betrachten all dieser verschiedenen Gesichter zusammen, und wenn solches der Fall ist, wird sofort ein gewaltiger Eindruck auf das Gemüt gemacht. Deshalb seid unabhängig; lasset die Dinge wirken; lasst die Gehirnzellen arbeiten, unaufhörlich arbeiten; aber lasst kein Wellchen die Seele bezwingen. Wirke als wenn du ein Fremder in diesem Lande wärest, einer, der sich nur kurze Zeit aufhält; wirket unaufhörlich, aber bindet euch nicht. Gebundensein ist schrecklich. Diese Welt ist nicht unsere Wohnung; sie ist nur eine der vielen Stationen, die wir passieren. Bedenket das große Wort Sankyas: »Die ganze Natur ist für die Seele; nicht die Seele für die Natur«! Der wahre Grund für die Existenz der Natur ist die Erziehung der Seele; sie hat keine andere Bedeutung; sie ist da, weil die Seele Erkenntnis haben muss, um sich durch Erkenntnis frei zu machen.

Wenn wir uns dessen immer erinnerten, würden wir uns niemals an die Natur anklammern, wir würden wissen, dass die Natur ein Buch ist, in dem wir lesen sollen; und wenn wir jenes Erkennen erlangt haben, so ist das Buch wertlos für uns. Statt dessen identifizieren wir uns selbst mit der Natur und meinen, dass die Seele für die Natur da sei; so wie das Sprichwort sagt, dass ein Mensch »lebt, um zu essen«, und der andere »isst, um zu leben.« Wir machen beständig diesen Fehler; wir betrachten die Natur als unser Selbst und verbinden uns mit ihr: und sobald dann dieses Anklammern kommt, so zeigt sich auch diese tiefe Einwirkung auf die Seele, die uns niederzwingt und wie Sklaven arbeiten lässt.

Der Kern dieser Unterweisung ist. dass ihr wie Herren und nicht wie Sklaven wirken sollt; wirkt ununterbrochen, jedoch nicht Sklavenwerke. Seht ihr nicht, wie jedermann arbeitet? Niemand kann ruhen. Neunundneunzig Prozent der Menschheit arbeitet wie Sklaven, und der Erfolg ist Elend; es ist selbstsüchtige Arbeit. Wirket durch Freiheit! Wirket durch Liebe! Das Wort »Liebe« ist sehr schwer zu verstehen; es kommt nicht eher, als bis Freiheit da ist. Im Sklaven ist keine Liebe. Wenn ihr einen Sklaven kauft und legt ihn in Ketten, und lasst ihn für euch arbeiten, so wird er es wie ein Packesel tun, jedoch ohne Liebe. Wenn wir selbst als Sklaven für die Welt wirken, so ist keine Liebe dabei, und es ist kein richtiges Werk. Dasselbe gilt von unserem Wirken für Verwandte und Freunde, sogar für unser eigenes Selbst. Denkt euch einen Mann, der eine Frau liebt, er wünscht sie ganz allein für sich zu haben und empfindet fortwährend die heftigste Eifersucht auf sie; sie muss neben ihm sitzen und stehen und auf seinen Befehl essen und sich bewegen. Er ist ihr Sklave. Das ist keine Liebe, sondern eine Art kränklicher Verliebtheit des Sklaven, die sich selbst für Liebe ausgibt. Es kann keine Liebe sein, weil es peinvoll ist. Wenn sie nicht tut, was er will, so verursachtes ihm Schmerzen. Bei Liebe gibt es keine schmerzliche Reaktion. Liebe bringt, nur segensreiche Rückwirkung; wenn es nicht geschieht, so ist es keine Liebe, und wir halten etwas anderes für Liebe. Wenn es euch gelungen ist, euren Gatten, Weib, Kinder, die ganze Welt, das Universum so zu lieben, dass es weder schmerzvolle Reaktion, noch Eifersucht oder irgendein egoistisches Gefühl gibt, dann seid ihr auf dem Wege, unabhängig zu werden. Krischna sagt: »Schau auf mich, Ardschuna! Wenn ich einen Augenblick aufhöre zu wirken, so wird das ganze Weltall sterben. Dennoch habe ich nichts von dem Weltall zu gewinnen. Ich bin der Herr; ich habe nichts vom Universum zu gewinnen; aber warum wirke ich? Weil ich die Welt liebe«. Gott ist ungebunden, weil er liebt; jene wirkliche Liebe macht uns frei. Wo auch immer dieses Anhaften, dieses gewaltige Anklammern ist, müsst ihr wissen, dass es physisch ist, eine Art physischer Anziehung zwischen verschiedenen Partikeln der Materie, etwas das zwei Körper näher und näher aneinander zieht, und wenn sie nicht zusammenkommen können, so wird es schmerzvoll. Doch wo wirkliche Liebe ist, erwartet sie keine physische Annäherung. Jener Körper mag tausend Meilen entfernt sein: Liebe bleibt immer dieselbe; sie stirbt nicht, und niemals wird eine Reaktion eintreten.

Dieses Ungebundensein zu erreichen, ist beinahe die Arbeit eines Lebens; aber sobald wir an diesem Punkte angelangt sind, haben wir das Ziel erreicht und sind frei geworden. Die Fesseln der Natur fallen von uns ab, und wir sehen die Natur, wie sie ist; die Natur schmiedet keine Ketten mehr für uns; wir stehen gänzlich frei da und ziehen die Erfolge des Werkes nicht mehr in Betracht. Wer kümmert sich darum, ob das Resultat gut oder schlecht sein wird? Der Mensch, der in Freiheit wirkt, fragt nicht nach Resultaten. Erwartet ihr von euren Kindern eine Rückvergütung dessen, was ihr ihnen gegeben habt? Es ist eure Pflicht, für sie zu schaffen, und da hört es auf. Was ihr auch für eine Person, eine Stadt, einen Staat tun mögt, tut es, aber nehmt die gleiche Stellung wie euren Kindern gegenüber ein: erwartet nichts. Wenn du immer die Position eines Schenkenden einnehmen kannst, so dass alles von dir Gegebene ein freies Anerbieten an die Welt ist, ohne einen Gedanken an Wiedervergeltung, so ist das ein Wirken, das kein Anhängen bringen wird; Anhängen kommt nur, wo wir etwas erwarten.

Diese Idee vollständiger Selbstaufopferung wird in folgender Erzählung beleuchtet. Nach der Schlacht von Kurukschetra hielten die fünf Brüder Panda ein gewaltiges Opferfest ab und machten große Schenkungen an die Armen. Alles Volk drückte sein Erstaunen über die Größe und den Reichtum des Opfers aus und behauptete, dass die Welt ein solches Opfer früher nie gesehen habe. Aber nach dem Opfer kam ein kleines Ichneumon; sein halber Körper war golden und die andere Hälfte braun, und es fing an, sieh auf dem Fußboden der Opferhalle zu wälzen. Dann sprach es zu denen, die umherstanden: »Ihr seid alle Lügner; das ist kein Opfer«. »Was«, schrien sie, »du sagst, das sei kein Opfer: weißt du nicht, wie Gold und Juwelen über die Annen ausgeschüttet wurden, so dass jedermann reich und glücklich davon ging?

Es war das großartigste Opfer, das jemals dargebracht wurde«. Doch das Jchneumon erwiderte: »Es war einmal ein kleines Dorf, und darin wohnte ein armer Brahmine mit seinem Weibe, seinem Sohne und dessen Weib. Sie waren sehr arm und lebten von milden Gaben, die sie von den Leuten für Predigten und Lehren erhielten. Da kam eine dreijährige Hungersnot ins Land, und der arme Brahmine litt mehr denn je. Endlich hungerte die Familie seit fünf Tagen, aber am fünften Tage brachte der Vater eine kleine Gerstenblume nach Hause, die er zu finden das Glück gehabt hatte, und teilte sie in vier Teile, einen für jeden von ihnen. Sie bereiteten sich ein Mahl daraus, und gerade als sie es zu sich nehmen wollten, klopfte jemand an die Tür. Der Vater öffnete, und ein Gast stand davor. Nun aber ist in Indien ein Gast geheiligt: er ist für die betreffende Zeit ein Gott und muss als solcher behandelt werden. Darum sprach der arme Brahmine: »Kommt herein, Herr, Ihr seid willkommen«, und setzte dem Gaste seine Portion Essen vor die dieser eiligst verschlang, indem er sagte: »O Herr, Ihr habt mich getötet: seit zehn Tagen hungere ich, und diese Kleinigkeit hat meinen Hunger nur verschärft«. Da sprach das Weib zu ihrem Manne: »Gib ihm auch meinen Anteil«! Doch der Mann erwiderte: »Nicht so.» Das Weib bestand jedoch darauf und sagte: »Hier ist ein armer Mann, und es ist unsere Pflicht als Haushälter, dafür zu sorgen, dass er ernährt werde; meine Pflicht als Weib aber ist, ihm meine Portion zu geben, da ich sehe, dass du ihm nichts mehr anzubieten hast«. Dann setzte sie dem Gast ihren Anteil vor, und er aß ihn und sagte, dass er noch vor Hunger brenne. Darauf sprach der Sohn: »Nimm auch meine Portion, denn es ist dies Pflicht eines Sohnes, seines Vaters Verpflichtungen erfüllen zu helfen«. Der Gast aß auch das noch, doch blieb er unbefriedigt, und darum gab ihm des Sohnes Weib auch ihre Portion. Nun war es genug. und der Gast verabschiedete sich, indem er sie segnete. In dieser Nacht starben die vier Personen am Hungertode. Ein paar Samenkörnchen jener Blume waren auf den Boden gefallen, und als ich meinen Körper auf sie rollte, wurde seine eine Hälfte golden, wie ihr seht. Seitdem bin ich über die ganze Welt gezogen, in der Hoffnung, ein zweites Opfer, wie jenes, zu finden: aber niemals fand ich es, und nirgends ist die andere Hälfte meines Körpers in Gold verwandelt worden. Deshalb sage ich, dass dieses kein Opfer hier ist«.

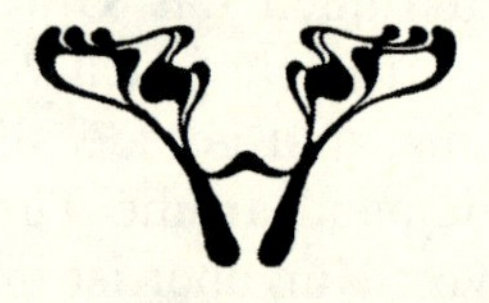

IV.

# WAS IST PFLICHT?

Es ist nötig zu wissen, was Wirken ist, und damit taucht natürlich die Frage auf: Was ist Pflicht? Wenn ich etwas zu tun habe, so muss ich zuvor wissen, was meine Pflicht ist, und dass ich sie erfüllen kann. Der Begriff der Pflicht wiederum ist sehr verschieden in verschiedenen Nationen. Der Mohammedaner hält das, was in *seinem* Buche, dem Koran, vorgezeichnet steht, für seine Pflicht, der Hindu, was in seinem Buche, den Veden, steht, und der Christ nennt das, was in seiner Bibel steht, Pflicht. So finden wir, dass es verschiedene Ideen über Pflicht geben muss, die je nach den verschiedenen Lebensstadien, verschiedenen Zeitaltern und Nationen wechseln. Die Bezeichnung »Pflicht« ist gleich jeder anderen allgemeinen abstrakten Bezeichnung unmöglich zu definieren; wir können uns nur einen Begriff davon machen, wenn wir die umgebenden Verhältnisse schildern und ihre Taten sowie deren Resultate kennen. Eine objektive Definition von Pflicht zu geben, würde gänzlich unmöglich sein; es gibt nichts Derartiges wie objektive Pflicht. Jedoch gibt es eine Pflicht im subjektiven Sinn. Jede Tat, die uns GOTT näher bringt, ist eine gute Tat, und ist unsere Pflicht; jede Tat, die uns abwärts führt, ist eine schlechte Tat. Es gibt nur eine Idee, die allgemein für die ganze Menschheit jeden Alters, jeder Sekte oder Landes ist, und sie ist in dem Sanskrit-Aphorismus zusammengefasst: »Füge keinem Wesen Kränkung zu: kein Wesen kränken, ist Tugend; irgendein Wesen kränken, ist Verbrechen«. Als ein höchst wichtiger Punkt ist zu bedenken, dass wir immer versuchen sollten, die Pflichten anderer mit ihren Augen zu betrachten und niemals die Gewohnheiten anderer Rassen und Völker nach uns selber zu beurteilen. »Ich bin nicht der Maßstab für das Universum«. Das ist die große Rektion, die gelernt sein muss: sich habe mich der Welt anzupassen, und nicht die Welt sich mir«. Darum sehen wir, dass Umgebungen unsere Pflichten ändern, und dass das Beste, was wir in der Welt tun können, ist, die Pflichten, die uns gerade zu einer bestimmten Zeit obliegen, so gut auszuüben, als wir können. Lasst uns die Pflicht erfüllen, die uns durch die Geburt zukommt, und wenn wir das getan haben, dann jene, die unsere Stellung mit sich bringt. Jeder Mensch ist im Leben in irgendeine Stellung gesetzt und muss die Pflichten dieser Stellung zuerst tun. Es gibt eine große Gefahr in der menschlichen Natur, dass der Mensch niemals auf sich selber schaut. Er meint, dass er ebenso gut geeignet sei, auf dem Throne zu sitzen, als der König. Selbst wenn er es wäre, müsste er doch zuerst beweisen, dass er die Pflichten seiner eigenen Stellung erfüllt hat; und wenn er das getan, werden höhere Pflichten an ihn herantreten.

Späterhin werden wir sehen, dass selbst der Begriff der Pflicht gewechselt werden muss, und dass das größte Werk dann getan wird, wenn am wenigsten Motive treibend dahinter stehen. Demnach ist es Pflichtarbeit, die uns dahin bringt, ohne jeden Gedanken an Pflicht zu wirken. Dann werden Werke zum Gottesdienste — nein, höher, sie werden allein um ihrer selbst willen dastehen. Aber das ist das Ideal, und der Weg dazu führt allein durch die Pflicht. Wir werden finden, dass die Philosophie, die in der Komi von Ethik oder Liebe hinter allen Pflichten steht, dieselbe wie in jeder andern Yoga ist, das Niedere Selbst verkleinernd, damit das Wahre Selbst leuchten möge, und das Vergeuden von Kräften auf den niederen Daseinsplan beschränkend, damit die Seele sich selbst auf den höheren Plänen manifestieren könne. Das wird durch die beständige Verleugnung niederer Wünsche vollführt, etwas, das die Pflicht strenge von uns fordert. Die ganze Gesellschaftsordnung hat sich auf diese Weise, bewusst oder unbewusst, als das Land der Taten, das Feld der Erscheinungen, entwickelt, wo wir, durch Einschränkung der selbstsüchtigen Wünsche, den Weg zu einer unbegrenzten Entfaltung der wahren Menschennatur eröffnen.

Pflicht ist aber selten süß. Nur wenn Liebe ihre Räder schmiert, läuft sie geschmeidig dahin; sonst gibt es eine beständige Reibung. Welche Eltern können ihre Pflicht gegen ihre Kinder erfüllen? Welche Kinder gegen ihre Eltern? Welcher Mann gegen sein Weib? Welches Weib gegen seinen Mann? Begegnen wir nicht täglich im Leben Fällen von Reibung? Pflicht wird nur durch Liebe süß, und Liebe existiert nur in Freiheit. Ist es Freiheit, Sklave der Sinne, des Zornes, der Eifersucht und hundert anderer niederer Dinge zu sein, die jeden Tag im menschlichen Leben vorkommen? In all diesen kleinen Rauheiten, denen wir im Leben begegnen, ist der höchste Ausdruck der Freiheit, ertragen zu können. Frauen, die Sklaven ihres eigenen reizbaren, eifersüchtigen Temperaments sind, pflegen ihren Männern die Schuld beizumessen, und, wie sie meinen, ihre Freiheit zu verteidigen, ahnungslos, dass sie damit doch nur beweisen, dass sie Sklaven sind. Ebenso mit den Männern, die ewig Fehler an ihren Frauen finden.

Keuschheit ist die erste Tugend bei Mann und Weib, und der Mann. der. wenn er auch auf Irrwege geraten war, nicht durch ein sanftes, liebendes keusches Weib auf den rechten Weg geführt werden kann, ist in Wahrheit sehr selten. So schlecht ist diese Welt noch nicht. Ich habe überall in der Welt von brutalen Ehemännern und der Unreinheit der Männer gehört; aber meine Erfahrung sagt mir, dass es ebenso viele brutale und unreine Weiber gibt.

Wenn die Frauen Europas so gut und rein wären, wie ihre eigenen Behauptungen es einem Fremden glauben machen möchten, so wäre ich vollkommen sicher, dass es nicht einen einzigen unreinen Mann in diesem Lande geben würde. Mit wem könnte der Mann unrein werden? Wo ist eine Brutalität, die nicht durch Reinheit und Keuschheit besiegt werden konnte? Ein gutes keusches Weib, das an jeden andern, als den eignen Mann, wie an ihr Kind denkt, und die Stellung einer Mutter gegen alle Männer einnimmt, würde in der Kraft der Reinheit so groß geworden sein, dass es nicht einen einzigen Mann gäbe, der, wäre er auch noch so brutal, nicht eine Atmosphäre der Heiligkeit in ihrer Gegenwart empfände. Ebenso muss jeder Ehemann alle Frauen, mit Ausnahme seiner eigenen, im Lichte seiner eigenen Mutter, Tochter oder Schwester betrachten. Der Mann aber, der ein Lehrer der Religion sein will, muss jedes Weib wie seine Mutter ansehen und sich immer so gegen sie benehmen.

Die Stellung der Mutter ist die höchste in der Welt, da sie der Platz ist, wo die größte Selbstlosigkeit zu lernen und auszuüben ist. Die Liebe Gottes ist die einzige Liebe, die höher als Mutterliebe steht; alle andern stehen tiefer. Es ist die Pflicht der Mutter, zuerst an ihre Kinder, und dann an sich selbst zu denken. Aber wenn anstatt dessen die Eltern immer zuerst an sich selbst denken, sogar in so geringen Dingen, wie Essen und Trinken, indem sie die besten Bissen für sich selbst nehmen, und die Kinder nehmen lassen, was sie erwischen können, so ist das Resultat immer, dass die Beziehung zwischen Eltern und Kindern wie das Verhältnis zwischen den Vögeln und ihren Jungen wird, die, sowie sie flügge werden, keine Eltern mehr kennen. Gesegnet in Wahrheit ist der Mann, der imstande ist, auf das Weib als auf die Stellvertreterin der Mutterschaft Gottes zu blicken. Gesegnet in Wahrheit ist die Frau, der der Mann die Vaterschaft Gottes bedeutet. Gesegnet die Kinder, die ihre Eltern als die auf Erden manifestierte Gottheit betrachten.

Das einzige Mittel, sich zu erheben, ist, die Pflicht zu tun, die jetzt in unsere Hand gegeben ist und uns selbst stärker zu machen, und immer höher emporzusteigen, bis wir die höchste Stufe erreichen. Auch darf die Pflicht nicht unterschätzt werden. Ein Mann, der niedrige Arbeit verrichtet, ist deshalb kein gemeinerer Mann als der, der das höhere Werk vollbringt; man sollte einen Mann nicht nach der Natur seiner Pflichten beurteilen, sondern nach der Art und Weise, wie er sie tut. Seine Weise sie zu tun, und die Kraft, sie zu tun, sind der Prüfstein eines Mannes. Ein Schuhmacher, der ein starkes hübsches Paar Schuhe in der kürzesten Zeit herstellen kann, ist zufolge seiner Werke ein besserer Mann, als ein Professor, der tagtäglich Unsinn redet.

Ein gewisser junger Sanyasi ging in einen Wald, meditierte, betete und übte lange Zeit Yoga aus. Nach zwölfjähriger harter Arbeit und Praxis saß er eines Tages unter einem Baume, als plötzlich einige trockene Blätter auf sein Haupt herabfielen. Er schaute auf und sah eine Krähe und einen Kranich auf der Spitze des Baumes kämpfen, was ihn sehr aufbrachte. Er sprach: »Wie dürft ihr wagen, diese trockenen Blätter auf mein Haupt zu werfen«? und als er sie ergrimmt ansah, ging ein Feuerstrahl von seinem Kopfe aus, die Yogi-Kraft, und brannte die Vögel zu Asche. Er freute sich sehr und war beinahe überglücklich wegen dieser Kraftentfaltung, die ihn mit einem Blicke die Krähe und den Kranich töten ließ. Bald darauf musste er in die Stadt gehen, sein Brot zu erbetteln, und als er vor einer Tür angelangt war, rief er: »Mutter, gib mir zu essen«! Eine Stimme vom Innern des Hauses antwortete: »Warte ein wenig, mein Sohn«! Der junge Mann dachte: »Du armseliges Weib wagst es, mich warten zu lassen? Du kennst noch nicht meine Macht«! Während er so dachte, ließ sich die Stimme wieder hören: »Knabe, halte nicht zu viel von dir selbst. Hier gibt es weder Krähe noch Kranich«! Er war sehr erstaunt, musste aber immer noch warten. Endlich kam eine Frau; er fiel ihr zu Füßen und fragte: »Mutter, wie konntest du das wissen«? Sie erwiderte: »Mein Sohn, ich kenne weder euer Yoga, noch eure Übungen. Ich bin eine gewöhnliche alltägliche Frau; aber ich ließ dich warten, weil mein Mann krank ist und ich ihn pflegen musste, da es meine Pflicht ist. Mein Leben lang habe ich gestrebt, meine Pflicht zu erfüllen. Als Tochter, da ich unverheiratet war, tat ich meine Pflicht, und nun, da ich verheiratet bin, tue ich ebenfalls meine Pflicht. Das ist die ganze Yoga, die ich ausübe, und während ich meine Pflicht tat, wurde ich erleuchtet; so konnte ich deine Gedanken lesen, und was du im Walde getan hast. Wenn du aber etwas Höheres als dieses lernen möchtest, so gehe in die und die Stadt auf den Markt, da wirst du einen Metzger finden, und er wird dir etwas sagen, das zu lernen du sehr erfreut sein wirst«. Der Sanyasi dachte: »Warum sollte ich in jene Stadt und zu einem Metzger gehen«? (Metzger sind die niedrigste Klasse in unserem Lande; sie werden Dschandalas genannt, und man rührt sie nicht an, weil sie Metzger sind; sie besorgen die Pflichten eines Straßenkehrers usw.)

Aber nach dem, was er gesehen, war sein Sinn ein wenig eröffnet, und er ging zur Stadt, fand den Markt, und sah in einiger Entfernung einen gewaltig dicken Metzger, der mit großen Messern auf Tiere einhieb und mit verschiedenen Leuten stritt und handelte. Der junge Mann sprach: »Herr, hilf mir, ist das der Mann, von dem ich lernen soll? Wenn er überhaupt etwas ist, so ist er die Verkörperung eines Dämons«. Mittlerweile blickte der Mann auf und sagte: »Swami, schickte jene Dame euch her? Nehmt Platz, bis ich mein Geschäft verrichtet habe«. Der Swami dachte: »Wie wird mir's hier ergehen«? Doch setzte er sich, und der Mann hantierte weiter, und nachdem er all sein Kaufen und Verkaufen beendet hatte, nahm er sein Geld und sprach zum Sanyasi: »Kommt mit, Herr, kommt zu meinem Hause«. Darauf gingen sie hin, und der Mann bot ihm einen Sitz und sagte: »Wartet dort«, und trat in das Haus, worin sein Vater und seine Mutter wohnten. Er wusch sie, gab ihnen zu essen, und tat ihnen alles zu Liebe, was er konnte, und dann kam er, setzte sich vor den Sanyasi und sprach: »Nun, Herr, Ihr seid hergekommen mich zu sehen, was kann ich für Euch tun«? Darauf, legte ihm der große Sanyasi einige Fragen über Gott und die Seele vor, und der Metzger hielt ihm einen Vortrag, dessen Bericht die »Vyada Gita« ein sehr gefeiertes Buch in Indien ist. Es ist einer der höchsten Flüge in der Vedanta, der höchste Aufschwung in der Metaphysik. Ihr habt von der Bhagavad Gita, Krischnas Predigt, gehört. Wenn Ihr sie beendigt habt, solltet Ihr die Vyada Gita lesen, sie ist das Höchste der Vedanta-Philosophie.

Als der Metzger geendet hatte, staunte der Sanyasi und sprach: »Warum bist du, mit einer Kenntnis wie der deinigen, in dem Körper? Warum bist du in eines Metzgers Körper und tust solch ekelhafte hässliche Arbeit«? »Mein Sohn«, erwiderte der Dschandala, »keine Pflicht ist hässlich, und keine Pflicht ist unrein. Meine Geburt, Verhältnisse und Umgebung waren danach. In meiner Knabenzeit erlernte ich den Handel. Ich bin nicht anhängend und suche meine Pflicht gut zu erfüllen. Ich suche meine Pflicht wie ein Haushalter zu tun und bemühe mich, alles, was ich kann, zu tun, um meine Eltern glücklich zu machen. Ich kenne weder euer Yoga, noch wurde ich ein Sanyasi, verließ niemals die Welt oder ging in einen Wald; aber das alles ist mir dadurch zugekommen, dass ich die Pflichten meiner Stellung ausübte«.

Es gibt in Indien einen Weisen, einen großen Yogi, einen der wunderbarsten Menschen, die ich je gesehen. Er ist ein eigentümlicher Mann; er will niemand lehren; wenn du eine Frage an ihn stellst, so wird er dir nicht antworten. Es ist zu viel für ihn, die Stellung eines Lehrers einzunehmen; er mag sie nicht einnehmen. Wenn du etwas fragst und einige Tage wartest, so wird er im Laufe der Unterhaltung den Gegenstand selbst berühren und herrliches Licht darüber verbreiten. Er sagte mir einst das Geheimnis des Wirkens, und was er sagte, war: »Lasset den Zweck und die Mittel in Einem vereinigt sein; das ist das Geheimnis des Werkes. Wenn ihr arbeitet, denkt an nichts anderes nebenher. Tut es wie Gottesdienst, als höchsten Gottesdienst, und opfert ihm euer ganzes Leben für die betreffende Zeit. So taten in dieser Erzählung der Metzger und die Frau ihre Pflicht mit Freudigkeit, von ganzem Herzen und mit Willigkeit, und das Resultat war, dass sie erleuchtet wurden und einen klaren Beweis dafür abgaben, dass die richtige Pflichterfüllung auf jeder Lebensstufe und das »Nichanhängendsein« zum Höchsten führen.

# V.
# WIR HELFEN UNS SELBST, NICHT DER WELT

Unsere »Pflichten gegen andere« bedeutet, andern zu helfen, der Welt Gutes zu tun. Warum sollten wir der Welt Gutes tun? Scheinbar um der Welt zu helfen, aber in Wahrheit, um uns selbst zu helfen. Wir sollten immer trachten, der Welt zu helfen; das sollte die höchste bewegende Kraft in uns sein; doch wenn wir es genau untersuchen, so werden wir finden, dass die Welt unserer Hilfe nicht bedarf. Diese Welt wurde nicht gemacht, damit du oder ich kommen sollten, ihr zu helfen. Ich las einmal eine Predigt, in der gesagt wurde: »Diese ganze schöne Welt ist sehr gut, weil sie uns Zeit und Gelegenheit gibt, andern zu helfen«. Scheinbar war das ein sehr schönes Gefühl, aber in einem Sinne war es eine Lästerung; denn ist es nicht Blasphemie, zusagen, dass die Welt unserer Hilfe bedarf? Wir können nicht leugnen, dass es viel Elend darin gibt; auszugehen und andern zu helfen ist deshalb die höchste Triebfeder, die wir haben können, obgleich wir im Laufe der Zeit, entdecken, dass wir damit nur uns selbst helfen. Als Knabe hatte ich ein paar weiße Mäuse; sie wurden in einem kleinen Kasten gehalten, in dem kleine Trommeln angebracht waren, und wenn die Mäuse in die Trommeln; hineinliefen, so drehten und drehten sich diese Räder, doch die Mäuse kamen niemals damit weiter. Ebenso geht es mit der Welt und unserem Ihrhelfenwollen. Die einzige Hilfe ist, dass ihr Übung gewinnt. Diese Welt ist weder gut noch böse; jeder Mensch schafft sich eine Welt für sich. Wenn ein blinder Mann darüber nachzudenken anfängt, so ist sie entweder weich oder hart, kalt oder warm. Wir sind ein Haufen Glück oder Unglück; wir haben das hundertmal in unserm Leben gesehen. In der Regel sind die Jungen optimistisch, und die Alten pessimistisch. Die Jungen haben das ganze Leben vor sich, und die Alten klagen, dass ihre Tage dahin sind; mit Hunderten von Wünschen, die sie nicht erfüllen konnten, zermartern sie ihr Gehirn. Das Leben ist für sie zu Ende. Beide sind töricht. Dieses Leben ist weder gut noch böse. Wenn es uns warm hält, sagen wir: »Wie schön ist Feuer«! Wenn es unsere Finger verbrennt, so tadeln wir das Feuer. Dennoch war es weder gut noch schlecht. Je nachdem wir Gebrauch davon machen, ruft es jenes Gefühl von »gut oder schlecht« hervor, und ebenso ist es mit der Welt. Sie ist vollkommen. Mit »Vollkommenheit« ist gemeint, dass sie vollkommen geeignet ist, ihre Zwecke zu erfüllen. Wir können alle völlig sicher sein, dass sie fortschreiten wird, und wir unsere Köpfe nicht anzustrengen brauchen, um ihr helfen zu wollen. Dennoch müssen wir Gutes tun; es ist die höchste unserer Triebkräfte, und wir müssen allezeit eingedenk sein, dass es ein Privilegium ist, zu helfen. Dünke dich nichts Besonderes, wenn du ein Geldstück nimmst und sprichst: »Hier, du armer Mann«! sondern sei dankbar, dass der arme Mann da ist, auf dass du dir selber helfen kannst, indem du ihm gibst. Nicht der Empfänger, sondern der Geber ist der Gesegnete. Seid dankbar, dass euch erlaubt wird, eure Kraft des Wohlwollens und der Barmherzigkeit in der Welt zu betätigen, und dadurch rein und vollkommen werden zu können. Alle guten Handlungen haben die Absicht, uns rein und vollkommen zu machen. Was können wir auch am Ende tun? Ein Hospital bauen, Straßen anlegen oder Asyle errichten? Wir mögen milde Stiftungen organisieren, und zwei bis drei Millionen Dollars sammeln; mit der einen Million ein Hospital bauen, mit der zweiten Bälle geben und Champagner trinken; von der dritten lasst die Offiziere die Hälfte stehlen, und der Rest mag endlich den Armen zugewendet werden. Doch was hat das zu bedeuten? Ein einziger Orkan kann in fünf Minuten alles niederreißen. Was sollen wir dann tun? Eine vulkanische Eruption kann all unsere Straßen, Hospitäler, Städte und Gebäude verschlingen. Lasst uns all das törichte Geschwätz von dem »der Welt helfen wollen« aufgeben. Sie wartet nicht auf deine oder meine Hilfe; dennoch müssen wir beständig schaffen und Gutes tun, weil es ein Segen für uns selbst ist. Es ist der einzige Weg, auf dem wir zur Vollkommenheit gelangen können. Kein Bettler schuldet uns jemals einen einzigen Heller; wir schulden alles ihm, weil er uns erlaubt hat, an ihm unser Mitleid und unsere Kräfte zu betätigen. Es ist gänzlich verkehrt, zu glauben, dass wir der Welt Gutes getan haben, oder tun können, oder diesen und jenen Leuten geholfen hätten. Es ist ein törichter Gedanke, und alle törichten Gedanken bringen Leid. Wir meinen jemandem geholfen zu haben, und erwarten Dank von ihm, und weil er es nicht tut, sind wir unglücklich. Warum etwas erwarten? Wenn wir wirklich »nicht anhängend« wären, würden wir all diesen Schmerzen vergeblicher Erwartung entgehen und könnten gutes Werk in der Welt verrichten. Niemals wird Unglücklichsein oder Elend durch solche Arbeit kommen, die ohne »Anhängen« geschah; diese Welt wird mit ihrem Glück und Unglück bis in alle Ewigkeit fortbestehen.

Es war einmal ein armer Mann, der Geld brauchte und irgendwo gehört hatte, dass, wenn es jemandem gelänge, einen »Geist« oder Gespenst einzufangen, er ihm befehlen könne, ihm Geld oder irgendetwas, das er wünsche, zu bringen. Darum bemühte er sich eifrigst, einen Geist zu erwischen. Er suchte nach einem Manne, der ihm einen »Geist« verschaffen könne, und endlich fand er einen Weisen mit großen Kräften, und bestürmte diesen Mann, ihm zu helfen. Der Weise fragte ihn, was er mit einem »Geiste« anfangen würde, und er antwortete: »Ich brauche einen »Geist«, damit er für mich arbeite; lehrt mich, wie ich einen erwischen kann, o Herr, denn ich wünsche es so sehr«. Doch der Weise erwiderte: »Regt Euch nicht auf, und geht nach Hause«. Den nächsten Tag ging der Mann wieder zu dem Weisen und begann zu weinen und zu flehen: »Gebt mir einen Geist; ich muss einen Geist haben, Herr, um mir zu helfen!« Endlich wurde es dem Weisen zu toll, und er sprach: »Nehmt dieses Amulett, wiederholt das Zauberwort, und ein »Geist« wird kommen, und was Ihr diesem Geiste sagen werdet, das wird er tun. Aber nehmt Euch in Acht; es sind schreckliche Wesen und müssen fortwährend beschäftigt werden. Wenn Ihr versäumt, ihm Arbeit zu geben, so wird er Euch das Leben nehmen«. Der Mann erwiderte: »Das ist leicht, ich kann ihm für das ganze Leben Arbeit geben.« Dann ging er in einen Wald, und nach Wiederholung des magischen Wortes erschien ein gewaltiges Gespenst mit großem Rachen vor ihm und sprach: »Ich bin ein Geist; ich bin durch, deinen Zauber besiegt worden. Aber du musst mich, ununterbrochen beschäftigen. In dem Augenblicke, wo du damit aufhörst, werde ich dich töten«. Der Mann sprach: »Baue mir einen Palast«, und der Geist erwiderte: »Es ist getan, der Palast ist gebaut«. »Bringe mir Geld«, rief der Mann. »Hier habt Ihr Geld«, erwiderte das Gespenst. »Haue diesen Wald nieder und erbaue eine Stadt an seiner Stelle«. »Das ist schon geschehen«. sagte der Geist, »was weiter?« Jetzt wurde dem Manne angst und bange und er sprach: »Ich kann ihm nichts mehr zu tun geben; er tut alles in einem Nu«. Der Geist schrie: »Gib mir etwas zu tun oder ich fresse dich auf«. Der arme Mann fand keine weitere Beschäftigung für ihn und fürchtete sich sehr. So fing er an zu laufen und zu laufen, erreichte endlich den Weisen und jammerte: »O Herr, beschützt mein Leben«! Der Weise fragte ihn, was es gäbe, und der Mann antwortete: Ich kann dem »Geiste« nichts mehr zu tun geben. Alles was ich ihm befehle, tut er in einem Augenblick, und droht mir, mich aufzufressen, wenn ich ihm keine Arbeit gebe«. Da kam auch schon das Gespenst und brüllte: »Ich werde dich fressen, ich werde dich fressen«! und würde den Mann verschlungen haben. Dieser begann zu zittern und den Weisen um sein Leben anzuflehen. Der sprach: »Ich werde einen Ausweg für dich finden. Sieh dir jenen Hund mit dem geringelten Schwanz an; ziehe schnell dein Schwert, haue den

Schwanz ab und befiehl dem Gespenst, ihn der Länge nach auszustrecken«. Der Mann hieb den Hundeschwanz ab, und gab ihn dem »Geiste«, indem er sagte: »Strecke ihn geradeaus für mich«. Der Geist nahm ihn und reckte ihn langsam aus; aber sobald er ihn losließ, rollte er sich sofort wieder auf. Wieder und wieder reckte er ihn mit größtem Eifer aus; aber ganz umsonst, denn so wie er versuchte ihn loszulassen, war er auch schon wieder aufgerollt. Tagtäglich fuhr er in seinen vergeblichen Bemühungen fort, bis er endlich daran erlahmte und sprach: »Nie zuvor im Leben war ich in solcher Verlegenheit. Ich bin ein alter Veteranengeist, doch niemals hatte ich solchen Verdruss. Ich möchte ein Kompromiss mit Euch schließen. Ihr lasst mich frei, und ich will Euch alles, was ich Euch gegeben habe, überlassen und versprechen, Euch keinen Schaden zu tun«. Der Mann war sehr zufrieden und nahm das Anerbieten freudigst an.

Diese Welt ist jener Hundeschwanz, und die Menschen haben seit Jahren versucht, ihn gerade zu ziehen. Doch wenn sie damit nachlassen, so rollt er wieder zusammen. Wie könnte es auch anders sein? Man muss erst verstehen, unabhängig zu schaffen, dann wird man nicht fanatisch sein. Wenn wir erkennen, dass diese Welt wie eines Hundes geringelter Schwanz ist und niemals gerade zu strecken sein wird, so werden wir keine Fanatiker werden. Diese können niemals wirkliche Arbeit tun. Wenn es keinen Fanatismus in der Welt gäbe, würde sie viel schneller vorwärts schreiten, als sie es jetzt tut. Es ist alberner Unsinn, zu glauben, dass Fanatismus etwas für den Fortschritt der Menschheit tue. Er ist im Gegenteil ein Hemmschuh, da er Hass und Zorn hervorruft und die Leute veranlasst, sich zu bekämpfen und gegenseitig unsympathisch zu machen. Was wir tun oder besitzen, halten wir für das Beste in der Welt, und die Dinge, die wir nicht besitzen, gelten uns für wertlos. Darum denkt immer an diesen geringelten Hundeschwanz, wenn ihr Anlage habt, Fanatiker zu werden. Ihr braucht euch nicht abzuarbeiten oder schlaflos zu machen; die Welt geht doch ihren Gang weiter. Nur wenn ihr

Fanatismus meidet, werdet ihr gut wirken. Es ist der Mann mit aufgerichtetem Haupt, der ruhige Mann mit gutem Urteil und kalten Nerven, von großer Sympathie und Liebe, der gutes Werk vollbringt. Der Fanatiker hat keine Sympathie.

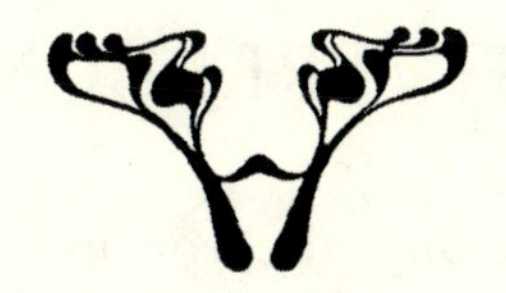

VI.

# NICHTANHÄNGEN IST VOLLENDETE SELBSTVERLEUGNUNG

So wie jede Handlung, die von uns ausgeht, zu uns zurückkehrt, so können unsere Taten auch auf andere Menschen wirken, und die ihrigen auf uns. Vielleicht habt ihr es alle als eine Tatsache beobachtet, dass, wenn Menschen schlechte Handlungen begehen, sie auch mehr und mehr schlecht werden, und dass, wenn sie anfangen Gutes zu tun, sie stärker und stärker werden, und allezeit Gutes tun. Diese Vervielfältigung der Tat kann nur daraus erklärt werden, dass wir imstande sind, aufeinander zu wirken und rückzuwirken. Um ein Gleichnis aus der Physik zu nehmen: Wenn ich irgendetwas Bestimmtes tue, so befindet sich mein Gemüt in einer bestimmten Schwingungsform; alle anderen Gemüter würden unter gleichen Umständen die Neigung haben, durch mein Gemüt affiziert zu werden. Wenn verschiedene musikalische Instrumente in einem Zimmer sind, so werdet ihr alle bemerkt haben, dass, wenn eines angeschlagen wird, die anderen geneigt sind, auf demselben Tone zu vibrieren. Behalten wir dieses also als Gleichnis bei, so können wir sagen, dass alle diese Instrumente dieselbe Spannung hatten, und deshalb in gleicher Weise durch den gleichen Impuls affiziert wurden. Stellt euch vor, ich beginne eine böse Tat, mein Gemüt befände sich in einem bestimmten Schwingungsstadium, so würden alle Gemüter im gleichen Zustande der Möglichkeit ausgesetzt sein, von meinem Gemüt affiziert zu werden. Wenn ich eine gute Handlung täte, so befände sich mein Gemüt in einem anderen Spannungszustande, und für alle gleich gespannten Gemüter wäre ebenso die Möglichkeit vorhanden, beeinflusst zu werden. Diese Kraft der Einwirkung aber wird, je nach der Spannung, mehr oder weniger vorhanden sein. Es ist sehr gut möglich, dass, sowie Lichtwellen oft Millionen von Jahren zu reisen haben, bevor sie ihr Ziel erreichen, auch diese Gedanken wellen hundert Jahre reisen müssen, ehe sie ein Objekt finden, mit dem sie in Übereinstimmung schwingen. Darum ist es wohl möglich, dass diese unsere Atmosphäre von solchen Gedankenpulsschlägen, sowohl guten als bösen, erfüllt ist. Jeder, von jeglichem Gehirn entworfene Gedanke fährt fort zu pulsieren, bis er ein Ziel findet. Jedes Gemüt, das bereit ist, hiervon einige aufzunehmen, wird sie sofort empfangen. So hat ein Mensch, wenn er Böses tun will, sein Gemüt in eine gewisse Spannung versetzt, und alle mit dieser Spannung korrespondierenden Wellen, die schon in der Atmosphäre vorhanden sind, werden sich bemühen, in sein Gemüt einzudringen. Das ist der Grund, warum ein Übeltäter gewöhnlich mehr und mehr im Bösestun zunimmt. Sein Tun erfuhr Verstärkung. Ebenso wird es mit dem Gutestuer der Fall sein; er wird sich selbst allen guten Wellen, die in der Atmosphäre sind, eröffnen, und seine guten Handlungen werden gekräftigt werden. Wir laufen darum beim Bösestun zwiefache Gefahr; erstens öffnen wir uns selbst allen uns umgebenden bösen Einflüssen, und zweitens schaffen wir Böses, das andere affizieren wird. Wenn wir Gutes tun, so tun wir es uns selbst und anderen, und gleichwie alle übrigen Kräfte im Menschen, empfangen auch diese guten und schlechten Kräfte Stärke von außen her.

Gemäß Karma Yoga kann die begangene Tat nicht eher vernichtet werden, als bis sie Frucht getragen hat. Keine Macht der Natur kann sie hindern, ihre Resultate hervorzubringen. Wenn ich etwas Böses tue, so muss ich dafür leiden: keine Macht der Welt kann das hindern oder aufhalten. Und wenn ich eine gute Tat tue, so gibt es wiederum keine Macht im Universum, die verhindern könnte, dass sie ihre guten Früchte trägt. Die Ursache muss ihre Wirkung haben. Nun aber kommen wir zu einer sehr schönen und ernsten Angelegenheit im Karma Yoga: dass nämlich unsere guten und bösen Handlungen innigst miteinander verbunden sind. Wir können keine Grenzlinie ziehen und sagen: »Diese Tat ist völlig gut, und diese völlig schlecht«. Es gibt keine Handlung, die nicht zugleich Gutes und Böses in sich trüge. Um das nächst liegende Beispiel zu nehmen: Ich rede zu euch, und einige unter euch denken vielleicht, ich tue Gutes; zur selben Zeit aber töte ich wahrscheinlich Tausende von Mikroben in der Atmosphäre, und tue damit anderen Übles. Wenn es uns recht nahe angeht und die betrifft, die wir kennen, so halten wir es, wenn es sie in guter Weise beeinflusst, für eine sehr gute Handlung. Ihr werdet z. B. sagen, dass mein Reden zu euch sehr gut sei, aber die Mikroben werden es nicht tun; die Mikroben seht ihr nicht, während ihr euch selber seht. Die Wirkung auf euch ist sichtbar, doch die auf die Mikroben nicht. Und so werden wir, wenn wir unsere bösen Taten analysieren, finden, dass irgendwo etwas Gutes damit getan wurde. »Der, der sieht, dass in einer guten Handlung etwas Böses ist, und inmitten des Bösen etwas Gutes entdeckt, hat irgendwo das Geheimnis des Wirkens erkannt«. Doch was folgt daraus? Dass, wie wir es auch anfangen mögen, keine Tat vollkommen rein, und keine vollkommen unrein sein kann, wenn man Reinheit und Unreinheit im Sinne von Kränkung und Nichtkränkung; nimmt. Wir können nicht atmen noch leben, ohne andern zu schaden, und jeder Bissen Brot, den wir essen, ist andern vom Munde weggenommen. Schon unser Leben allein drängt andere Leben hinaus. Es mögen Menschen, Tiere und kleine Mikroben sein, doch irgendjemanden verdrängen wir. Da das der Fall ist, so folgt natürlich daraus, dass Vollkommenheit durch Arbeit niemals erreicht werden kann Wir mögen durch alle Ewigkeit schaffen und wirken, so wird es doch keinen Ausweg aus diesem verworrenen Irrgarten geben; ihr mögt weiter, weiter und weiter arbeiten, aber es wird kein Ende nehmen.

Zweitens müssen wir betrachten: Was ist der Zweck des

Werkes? Wir sehen, dass die große Mehrheit der Leute in jedem Lande glaubt, es müsse eine Zeit herannahen, wo diese Welt vollkommen sein, und wo es weder Krankheit noch Tod, Unglück oder Verderbtheit geben wird. Das ist eine sehr gute Idee, eine Triebfeder für den Unwissenden; doch wenn wir einen Augenblick nachdenken, werden wir erkennen, wie es ja auch klar zutage liegt, dass es so nicht sein kann. Wie könnte das geschehen, wenn wir bedenken, dass Gut und Böse die Vorder- und Rückseite ein und derselben Münze sind? Wie könnt ihr das Gute, ohne zu gleicher Zeit das Böse haben wollen? Was ist unter »Vollkommenheit« zu verstehen? Ein vollkommenes Leben ist ein Widerspruch. Das Leben selbst ist ein Zustand beständigen Kampfes zwischen uns selbst und allem was außer uns ist. Jeden Augenblick kämpfen wir mit der äußeren Natur, und wenn wir unterliegen, so müssen wir unser Leben lassen, Es ist ein beständiger Kampf um die Nahrung; wenn diese fehlt, so sterben wir. Das Leben ist kein einfacher, sondern ein verwickelter Effekt. Dieser verwickelte Kampf zwischen etwas Inwendigem und der äußeren Welt, ist, was wir Leben nennen. So muss es augenscheinlich, wenn dieser Kampf aufhört, ein Ende mit dem Leben haben.

Diese ideale »Glückseligkeit« soll heißen, dass jeder Kampf ganz und gar verschwinden wird. Aber dann muss das Leben aufhören, und der Kampf kann erst enden, wenn das Leben ein Ende gefunden hat. Fernerhin wird, bevor wir ein tausendstel Teil, davon erreicht haben, diese Erde ausgekältet sein, und wir werden nicht mehr existieren. Also kann das tausendjährige Reich auf dieser Welt nicht sein, wenn es überhaupt irgendwo sein kann. Jedes Liebeswerk, jeder Gedanke der Sympathie, jedes Hilfswerk, jede gute Tat nimmt viel von unserm kleinen Selbst hinweg, und lässt uns an uns selbst am wenigsten denken, darum ist es gut. Hier finden wir, dass der Gnani, der Bhakta oder Karma alle auf einem Punkt zusammentreffen. Das höchste Ideal ist ewige und gänzliche Selbstverleugnung, wo es kein »Ich« gibt, sondern alles» Du« ist, und bewusst oder unbewusst führt Karma Yoga dahin. Es ist die Grundlage aller Moral, ihr mögt es auf Menschen, Tiere oder Engel anwenden, so bleibt es die Grundidee, das eine Fundamentalprinzip, das alle ethischen Systeme durchzieht.

Ihr werdet Verschiedene Menschenklassen in dieser Welt finden. Erstens sind da die Gottmenschen, die sich selbst gänzlich verleugnen, und sogar mit Aufopferung ihres eigenen Lebens andern Gutes tun. Die sind die erhabendsten unter den Menschen. Wenn es hundert solcher in einem Lande gibt, so braucht das Land nicht zu verzweifeln. Ferner gibt es gute Menschen, die andern Gutes tun, so lange es ihnen selbst nichts schadet, und dann existiert noch eine dritte Klasse, die andern schadet, nur um des Schadens willen. Wie es an dem einen Existenzpole gute Menschen gibt, die Gutes um des Guten willen tun, so am andern Pole böse, die Böses um des Bösen willen tun. Sie gewinnen nichts dabei, aber ihre Natur verlangt es so. So sehen wir, dass der Mann, der sich selber opfert, um andern Gutes zu tun, der Mann mit der höchsten Selbstverleugnung, der größte Mensch ist.

Hier sind zwei Sanskritworte: das eine heißt »Pravritti«, »annähernde Drehung«, und das andere »Nivritti«, »sich entfernende Drehung«. Die »annähernde Drehung« ist, was wir die Welt des »ich und mein« nennen, die, die stets das »mich« durch Güter und Gelder, Macht, Name und Ruhm bereichern, immer zusammenraffen und immer alles auf ein Zentrum, jenes Zentrum »ich selbst«, anhäufen will. Das ist »Pravritti«, die natürliche Neigung des menschlichen Wesens: möglichst alles von überall her zu nehmen, und es um ein Zentrum, das eigene liebe Selbst, aufzuspeichern. Wenn dieses zu schwinden beginnt, wenn Nivritti, die »entfernende Drehung«, sich zeigt, dann erst fangen Moralität und Religion an. Beide Pravritti und Nivritti, sind Werke; aber das eine ist schlechtes, das andere gutes Werk. Dieses Nivritti ist die Basis aller Moral und Religion, und die wahre Vollendung derselben ist gänzliche Selbstverleugnung und Bereitwilligkeit, Seele, Körper und alles einem andern Wesen aufzuopfern.

Wenn ein Mensch auf diesen Standpunkt gelangt ist, so hat er die Vollkommenheit von Karma Yoga erreicht. Das ist das höchste Resultat guter Werke. Wenn ein Mensch keine einzige Philosophie studiert hat, wenn er an keinen Gott glaubt, noch je geglaubt hat, wenn er nie im Leben gebetet hat, aber die einfache Kraft der guten Werke ihn auf den Standpunkt gebracht hat, sein Leben und alles Übrige für andere aufzugeben, so ist er auf demselben angekommen, auf den der religiöse Mensch durch seine Gebete, und der Philosoph durch seine Erkenntnis gelangt, und es wird euch klar, dass der Philosoph, der Mann der Tat, und der Fromme sich alle auf einem Punkte begegnen, und jener eine Punkt ist Selbstverleugnung. Wie sehr auch die philosophischen Systeme voneinander abweichen mögen, so beugt sich doch die ganze Menschheit in Ehrfurcht und heiliger Scheu vor dem Manne, der sich bereitwillig um anderer willen opfert. Dann ist keine Rede mehr von Glaube oder Lehre, selbst Menschen, die allen religiösen Ideen feindlich gegenüberstehen, können, wenn sie einer dieser Handlungen absoluter Selbstverleugnung begegnen, ihre Achtung nicht versagen. Seht ihr nicht sogar einen höchst bigotten Christen, wenn er Edwin Arnolds »Die Leuchte Asiens« liest, in Ehrfurcht vor Buddha stehen, der keinen Gott, sondern nur Selbstaufopferung predigte? Nur weiß der Bigotte nicht, dass sein eigenes Ziel und Ende im Leben genau dasselbe ist. Indem der Gottesverehrer beständig den Gedanken an Gott und lauter Gutes festhält, kommt er endlich zu dem nämlichen Punkt: »Dein Wille geschehe.« und behält nichts für sich selbst. Das ist Selbstverleugnung. Dem Philosophen sagt sein Erkennen, dass das scheinbare Selbst eine Täuschung ist und gibt sie leicht auf; gleichwohl ist es »Selbstverleugnung. So begegnen sich Karma, Bhakta und Gnana alle hier, und das ist's, was von allen großen Lehrern vergangener Zeiten gemeint wurde, wenn sie lehrten, dass Gott nicht die Welt sei. Gewiss ist, dass eins die Welt und ein anderes Gott Ist. Was unter Welt verstanden wird, ist Selbstsucht. Selbstlosigkeit ist Gott. Es mag einer auf einem Throne, in einem Palaste wohnen und vollkommen selbstlos sein; er ist in Gott. Ein anderer mag in einer Hütte leben, Lumpen tragen und nichts in der Welt besitzen, und ist dennoch tief in die Welt verstrickt, wenn er selbstsüchtig ist. Um auf einen unserer Gesichtspunkte zurückzukommen, so sagten wir, dass wir nichts Gutes, ohne nebenher etwas Böses tun könnten, oder Böses, ohne etwas Gutes zu tun. Da uns dieses bekannt ist, wie können wir wirken? Eine Lösung ist in der Gita gefunden, die Theorie des »An nichts sich hängen«, an nichts gebunden sein. Wisset, dass ihr gänzlich von der Welt geschieden seid, dass ihr zwar in der Welt seid, aber nichts, was ihr auch tun möget, um eurer selbst willen tut. Jede Tat, die ihr für euch selbst tut, wird eine Wirkung auf euch ausüben. Wenn es eine gute Handlung ist, so werdet ihr den guten, wenn eine böse, so den bösen Effekt davontragen; aber jede Handlung, was es auch sei, die nicht für euch selbst geschah, wird wirkungslos bleiben. Selbst wenn einer die ganze Welt umbrächte, so wird er weder getötet, noch tötet er, wenn er weiß, dass er nicht im Geringsten für sich selbst dabei handelt. Darum lehrt Karma Yoga: »Gebt die Welt nicht auf, lebt in der Welt, nehmt davon in euch auf, so viel ihr könnt, aber — nicht im mindesten um des Vergnügens willen. Vergnügen sollte nie der Zweck sein. Erst tötet euch selbst, und dann betrachtet die ganze Welt als euer Selbst; »der alte Mensch muss sterben«. Dieser alte Mensch ist der Gedanke, dass die ganze Welt zu unserm Vergnügen gemacht worden sei. Törichte Eltern lehren ihre Kinder beten: »O Herr, du erschufst diese Sonne und diesen Mond für mich«! als ob der Herr nichts anderes zu tun hätte, als alles für diese Kinder zu erschaffen. Die nächstfolgenden Verrückten sind die, die lehren, dass alle Tiere für uns zum Töten und Essen geschaffen wären, und dass dieses Universum zur Unterhaltung der Menschen da sei. Das ist alles Torheit. Ein Tiger könnte ebenso gut sagen: »Der Mensch wurde für mich geschaffen«, und beten: »O Herr, wie niederträchtig sind diese Menschen, dass sie sich nicht vor uns hinlegen, um gefressen zu werden; sie brechen dein Gesetz«. Wenn die Welt für uns geschaffen wurde, so auch wir für die Welt. Die Idee, dass diese Welt zu unserm Vergnügen erschaffen wurde, zieht uns nieder. Diese Welt ist nicht um unsertwillen da, Millionen verlassen sie jedes Jahr, aber sie fühlen es nicht; Millionen anderer sind hinzugekommen. Gerade was die Welt für uns ist, sind wir für die Welt.

Um zu wirken, gebt daher zunächst die Idee des Anhängens auf. Zweitens, mischt euch nicht in den Streit; verhaltet euch als Zuschauer und fahrt fort zu schaffen. Ein Weiser hat gesagt: »Schaut eure Kinder an, so wie eure Kinderfrau es tut.« Die Kinderfrau wird euer Kind nehmen, es verhätscheln, mit ihm spielen und so zärtlich damit umgehen, als ob es ihr eigenes wäre; aber sobald ihr es verlangt, wird sie ihr Bündel schnüren und euer Haus verlassen. Alles ist vergessen; es würde der gewöhnlichen Kinderfrau nicht den geringsten Schmerz verursachen, eure Kinder zu verlassen und andere aufzunehmen. Ebenso sollt ihr selbst es mit den euren machen. Ihr seid die Kinderfrau, und wenn ihr an Gott glaubt, so glaubt, dass diese alle die Seinen sind. Die größte Schwäche schleicht sich gewöhnlich unter dem Schein größter Güte und Stärke ein. Es ist die Schwäche, zu denken, dass jemand von mir abhängt, und ich jemandem Gutes tun könne. Dieser Stolz ist die Mutter all unseres Anhaftens, und durch dieses Anhaften kommt all unser Schmerz. Wir müssen unser Gemüt davon überzeugen, dass niemand von uns abhängt; kein Bettler hängt von unserer Mildtätigkeit ab, nicht eine Seele von unserer Freundlichkeit, keine von unserer Hilfe. Ihnen allen würde geholfen und wird geholfen, wenn auch Millionen von uns nicht hier wären. Dem Laufe der Natur wird nicht um deinet- oder meinetwillen Einhalt getan; es ist nur ein gesegnetes Privilegium für dich und mich, unter dem Scheine der Hilfe für andere uns selbst zu erziehen. Das ist eine Lektion, an der wir unser ganzes Leben lang zu lernen haben, und wenn wir sie völlig gelernt haben, so werden wir niemals unglücklich sein; wir können überall hingehen, und mit jedermann verkehren. In diesem gegenwärtigen Jahre mögen einige unserer Freunde gestorben sein. Wartet die Welt auf sie? Ist ihr Lauf gehemmt? Er setzt sich ruhig fort. So treibt und prügelt aus eurem Sinn die Idee hinaus, dass ihr etwas für die Welt tun müsst; die Welt verlangt keine Arbeit von euch. Wenn ihr eure Nerven und Muskeln zu diesem Gedanken trainiert habt, so wird es keine Reaktion in Form des Schmerzes mehr geben. Wenn ihr einem Menschen etwas gebet und erwartet nichts, — erwartet nur nicht Dankbarkeit von dem Menschen —, so hat es für euch nichts zu bedeuten, da ihr niemals etwas erwartet, niemals dachtet, ihr hättet ein Recht auf etwas. Ihr gabt, was er verdiente; sein eigenes Karma empfing es für ihn; euer Karma machte euch zum Überbringer. Warum solltet ihr stolz darauf sein, etwas zu geben? Ihr wäret der Träger, der das Geld trug, und die Welt verdiente es durch ihr eigenes Karma. Wo liegt die Ursache zum Stolzsein? Es ist nichts Großes in dem, was ihr der Welt gebt. Wenn ihr das Gefühl des Nichtanhängens empfangen habt, wird es weder gutes noch böses Werk für euch geben. Nur Selbstsucht macht den Unterschied zwischen Gut und Böse. Es ist eine sehr schwer zu verstehende Sache, aber ihr werdet mit der Zeit dahin kommen, zu lernen, dass nichts in der Welt Macht über euch hat, wenn ihr es nicht erlaubt. Nichts hat Gewalt über das Selbst des Menschen, wenn nicht das Selbst ein Tor wird und der Macht gehorcht. So verneint ihr durch Nichtanhängen jedwedem Dinge die Macht, auf euch einzuwirken. Es ist sehr leicht zu sagen, dass nichts das Recht hat, auf euch zu reagieren, wenn ihr es nicht erlaubt; aber woran erkennt man den Mann, der in Wahrheit keinem Dinge erlaubt, auf ihn einzuwirken, der weder glücklich noch unglücklich ist, wenn die äußere Welt auf ihn wirkt? Das Merkmal ist, dass es keine Veränderung in seinem Gemüte hervorbringt, dass er bei gutem oder bösem Schicksale derselbe bleibt.

Es gab einen großen Weisen, Vyasa genannt. Dieser Vyasa war der Schreiber der Vedanta-Philosophie, ein heiliger Mann. Sein Vater hatte versucht, ein sehr vollkommener

Mann zu werden, was ihm jedoch missglückte. Sein Großvater versuchte es, und es misslang. Sein Urgroßvater versuchte es gleichfalls und scheiterte daran. Ihm selbst gelang es nicht völlig, doch sein Sohn wurde vollkommen geboren. Er unterrichtete diesen Sohn, und nachdem er ihn selbst gelehrt hatte, schickte er ihn an den Hof von König Janaka. Das war ein großer König, genannt Janaka Videha. Videha bedeutet »außerhalb des Körpers«. Obgleich ein König, hatte er gänzlich vergessen, dass er ein Körper war; er war allezeit ein Geist. Dieser Knabe wurde zu ihm gesandt, um von ihm unterrichtet zu werden. Der König wusste, dass Vyasas Sohn zu ihm kommen würde, um zu lernen; darum machte er vorher einige Anordnungen, und als der Knabe sich an den Toren des Palastes zeigte, nahmen die Wachen nicht die geringste Notiz von ihm. Sie wiesen ihm nur einen Platz zum Niedersitzen an, und er saß dort drei Tage und Nächte, während niemand mit ihm sprach, noch ihn fragte, wer er wäre, noch woher. Er war der Sohn des großen Weisen; sein Vater wurde vom ganzen Lande verehrt, und er selbst war eine sehr ehrfurchtgebietende Persönlichkeit; dennoch nahmen die gemeinen rohen Palastwachen keine Notiz von ihm. Darauf kamen plötzlich die Minister des Königs und alle hohen Amtsbehörden und empfingen ihn mit den höchsten Ehren. Sie geleiteten ihn hinein, wiesen ihn in die prächtigsten Räume, bereiteten ihm die duftendsten Bäder, wundervollsten Kleider und hielten ihn dort acht Tage lang mit allem erdenklichen Luxus umgeben. Seine Mienen veränderten sich nicht; er war derselbe inmitten des Luxus, als draußen vor dem Tor. Sodann brachte man ihn vor den König. Der König saß auf seinem Throne, Musik spielte, und Tanz und andere Unterhaltungen fanden statt. Der König gab ihm eine Schale Milch, bis an den äußersten Rand gefüllt, und befahl ihm, siebenmal damit um die Halle herumzugehen, ohne einen Tropfen zu verschütten. Der Knabe nahm die Schale und schritt mitten unter die Musik und die schönen Gesichter. Siebenmal ging er herum und nicht ein Tropfen, wurde verschüttet. Des Knaben Seele konnte durch nichts in der Welt angezogen werden, wenn er es nicht wollte, und als er die Schale zum König brachte, sprach dieser zu ihm: »Was dein Vater dich gelehrt hat, und du selbst gelernt hast, kann ich nur wiederholen; du hast die Wahrheit erkannt, gehe heim«.

So kann auf den Mann, der Selbstbeherrschung ausübt, durch nichts von außen her gewirkt werden; für ihn gibt es keine Sklaverei mehr. Der Geist ist frei geworden, und nur ein solcher Mann ist geeignet, in der Welt zu leben. Wir finden die Menschen gewöhnlich von zweierlei Meinung. Für die, die ihr eigenes Gemüt nicht beherrschen können, ist diese Welt entweder vom Übel, oder von einer Mischung von Gutem und Bösen erfüllt. Diese selbe Welt wird eine optimistische Welt werden, sobald wir Herren unserer eigenen Seele geworden sind. Nichts wird auf uns im Sinne von gut oder böse wirken; uns wird alles harmonisch erscheinen. Einige Menschen, die damit anfangen, die Welt eine Hölle zu nennen, werden damit endigen, sie einen Himmel zu heißen. Wenn wir echte Karma Yogis sind, und uns zu diesem Zustande heranbilden wollen, so werden wir, wo wir auch beginnen mögen, bei völliger Selbstverleugnung enden, und sobald dieses Scheinselbst verschwunden ist, wird diese ganze Welt, die uns zuerst von lauter Übel erfüllt zu sein schien, uns ein Himmel und voller Segen zu sein dünken. Ihre ganze Atmosphäre wird gesegnet sein. Das ist das Ziel und Ende von Karma Yoga, und das ist Vollkommenheit. So seht ihr, dass diese verschiedenen Yogas nicht miteinander in Konflikt geraten. Jedes geht demselben Ziel entgegen und macht uns vollkommen; aber jedes muss geübt werden. Es ist schwer, auf einmal alles zu verstehen. Die Erklärung von allem liegt in euch selbst. Niemand wurde durch einen anderen belehrt; ein jeder von uns hat sich selbst zu lehren. Der äußere Lehrer ist nur die Suggestion, der den inneren Lehrer anstachelt, die Dinge zu verstehen. Dann werden die Dinge durch die Kraft der Wahrnehmung klarer werden, und wir können sie in unsern eigenen Seelen verwirklichen, und daraus wird die intensive Willenskraft entstehen. Erst Fühlen, dann wird es zum Wollen, und aus dieser Willigkeit kommt jene gewaltige Schaffenskraft, die jede Ader, jeden Nerv und jede Muskel durchdringen wird, bis die ganze Masse eures Körpers in jenes selbstlose Yoga des Werkes verwandelt ist: das Resultat aber wird vollkommene Selbstverleugnung, äußerste Selbstlosigkeit sein. Es hängt weder von Dogma, Lehre, noch Glauben ab; ob Christ, ob Jude oder Heide ist ganz einerlei. »Seid ihr selbstlos«? Das ist die Frage. Wenn ihr es seid, so werdet ihr vollkommen sein, ohne ein einziges religiöses Buch zu lesen, ohne in irgendeinen Tempel oder Kirche zu gehen. »Toren allein behaupten, dass Werk und Lehre verschieden seien, nicht aber der Wissende«. Der Erfahrene weiß, dass, obgleich scheinbar voneinander unterschieden, sie doch beide zuletzt zu dem gleichen Ziele gelangen, und das ist Vollkommenheit.

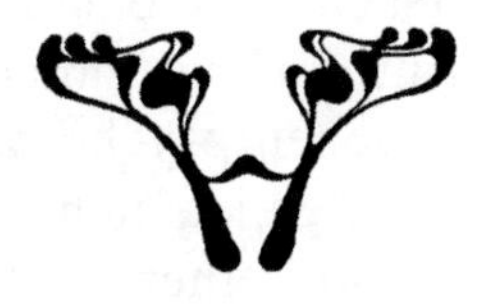

## VII.
# FREIHEIT

Wir haben gesehen, dass das Wort Karma nicht nur Tat, sondern auch Verursachung bedeutet. Jedes Werk, jede Tat, jeder Gedanke, die eine Wirkung verursachen, werden Karma genannt. Dieses Karmagesetz bedeutet das Gesetz der Verursachung; wo immer eine Ursache ist, muss eine Wirkung hervorgerufen werden; sie ist nicht aufzuhalten, und das Gesetz von Karma durchdringt nach unserer Philosophie das ganze Weltall. Was wir auch sehen, fühlen und tun, was für eine Begebenheit sich irgendwo im Weltall abspielen mag, sie ist einerseits immer nur die Wirkung einer vergangenen Tat, und wird andererseits zur Ursache, die eine neue Wirkung hervorbringt. Es ist nötig, hiermit im Zusammenhang das Wort »Gesetz« zu betrachten. Wir sehen psychologisch, dass »Gesetz« die Tendenz einer Reihenfolge ist, sich zu wiederholen. Wenn wir sehen, dass ein Ereignis einem andern folgt, oder dass sich beide manchmal gleichzeitig abspielen, so setzen wir voraus, dass solches immer geschehen werde. Eine Reihe von Phänomenen vereinigt sich in unserem Geiste in einer Art unveränderlicher Ordnung, so dass das, was wir zu einer bestimmten Zeit sehen, sofort in unserem Geiste zu andern Tatsachen in Beziehung tritt. Eine Idee, oder, unserer Psychologie zufolge, eine Welle, die in der Seelensubstanz erzeugt wurde, ruft immer viele ähnliche hervor. Das ist das Gesetz des Zusammenhanges, und Verursachung ist nur ein Teil dieses Gesetzes des alles durchdringenden Zusammenhanges. In der äußeren Welt ist die Idee des Gesetzes dieselbe, wie in der inneren Welt, die Voraussetzung, dass ein Phänomen von einem andern gefolgt sein werde, und dass die Reihenfolgen sich wiederholen werden, soweit wir erkennen können. Richtig ausgedrückt, existiert also eigentlich kein Gesetz in der Natur. Vom Standpunkte der Praxis ist es ein Irrtum, zu sagen, dass Gravitation in der Erde existiere, oder dass irgendein Gesetz irgendwo in der Natur herrsche. Gesetz ist die Methode, die Art und Weise, wie unser Verstand eine Reihe von Phänomenen auffasst; es ist alles in der Seele. Gewisse zusammen auftretende Phänomene, gefolgt von der Überzeugung, mit der unser Verstand die ganze Reihenfolge erfasst, ist, was wir Gesetz nennen.

Die nächste Frage ist, was wir unter einem »allgemeinen Gesetze« verstehen. Unser Universum ist jener Existenzteil, der durch das, was die Sanskrit-Psychologen »Nama Rupa« (Name und Form) nennen, abgeschnitten wird. Dieses Universum ist von jener unendlichen Existenz nur ein Teil, der in eine besondere Form gebracht, oder aus Name und Form zusammengesetzt wurde, und wenn er jene Form ausfüllt, so wird dieser die Form ausfüllende Teil der Totalsumme des Daseins, unser Weltall genannt. Daraus folgt notwendigerweise, dass »Gesetz« nur in diesem Universum möglich ist; darüber hinaus kann es kein Gesetz geben. Wenn wir von diesem Universum sprechen, so meinen wir nur jenen Teil der Existenz, der durch unsern Verstand begrenzt ist, das Universum der Sinne, das wir sehen, fühlen, berühren, hören, daran denken oder uns vorstellen können. Nur dieser Teil des Universums steht unter dem Gesetz, weil Kausalität sich nicht darüber hinaus erstreckt. Alles, was den Standpunkt unseres Begriffsvermögens und unsere Sinne übersteigt, ist nicht durch das Gesetz der Kausalität gebunden, da es über den Sinnen keine Assoziation gibt, und keine Kausalität ohne Ideenassoziation. Nur wenn die Existenz in Name und Form Gestalt annimmt, gehorcht sie dem Gesetz der Kausalität und steht, sozusagen, unter dem Gesetz, weil das Gesetz sein Wesen in »der Kausalität hat. Deshalb begreifen wir auch sogleich, dass es keinen freien Willen geben kann; die Worte allein schon sind Widerspruch, weil Wille da ist, was wir kennen, und alles, was wir kennen, in unserem Universum ist, und alles in unserem Universum in Name und Form geschlossen ist, und alles, was wir kennen, oder möglicherweise kennen können, der Kausalität gehorchen muss, und das, was den Gesetzen der Kausalität gehorchen muss, nicht frei sein kann. Es wird beeinflusst durch andere wirkende Kräfte, wird seinerseits Ursache und so fort; aber das, was in Wille umgewandelt wurde, das, was nicht Wille war, aber, als es in diese Form kam, in den menschlichen Willen verwandelt wurde, ist frei, und wenn dieser Wille aus dieser Form der Kausalität wieder herauskommt, so wird er wieder frei sein. Aus Freiheit kommt er her, wird in diese Fesseln geschmiedet und geht daraus hervor, um wieder zur Freiheit zurückzukehren.

Es wurde die Frage aufgeworfen, von wem dieses Weltall kommt, in wem es ruht, und zu wem es geht, und die Antwort lautete: von jener Freiheit ging es aus, ruhte in Banden und kehrt zurück zu jener Freiheit. Wenn wir von dem Menschen als von jenem sich manifestierenden Wesen sprechen, so ist nur ein Teil davon Mensch; dieser Körper und diese Seele, die wir sehen, sind nur ein Teil des ganzen Menschen, nur ein Titelchen jenes unendlichen Wesens, und all unsere Gesetze, unsere Verpflichtungen, unsere Freuden und Leiden, unser Glück, unsere Erwartungen, bewegen sich nur in diesem kleinen Weltall; all unser Vor- und Rückwärtsschreiten geschieht in diesem kleinen Räume. So seht ihr, wie kindisch es ist, eine Fortdauer dieses Universums zu erwarten, und einen Himmel, als Wiederholung dieser gegenwärtigen Welt, zu erwarten und zu erhoffen. Ihr erkennt sogleich, dass es ein unmögliches und kindisches Verlangen ist, das ganze unbegrenzte Universum jener Existenz, die uns bekannt ist, anpassen zu wollen. Wenn also ein Mensch die Dinge, die er jetzt hat, wieder und wieder zu haben begehrt, oder, wenn er, wie ich schon öfter sagte, eine bequeme Religion verlangt, so könnt ihr getrost annehmen, dass er so degeneriert ist, sich nichts Höheres denken zu können, als was er jetzt ist, gerade nur seine kleinen gegenwärtigen Umgebungen. Er hat seine unendliche Natur vergessen, und seine ganze Gedankenwelt ist in diesen kleinen Freuden, Kümmernissen und Herzenseifersüchteleien des Augenblickes eingeschlossen. Er hält das für das Unendliche und nicht nur das, — er will es auch nicht fahren lassen. Er klammert sich verzweifelt an Trischna, den Durst nach Leben. Es gibt Millionen von Glücksgefühlen und Geschöpfen, Gesetzen, Fortschritten und Ursachen, die alle abseits von dem, was uns bekannt ist, wirken; aber dieses ist nur ein Teil unserer Natur.

Um Freiheit zu gewinnen, müssen wir über dieses Universum hinaus gelangen; sie kann hier nicht gefunden werden. Vollkommenes Gleichgewicht kann nicht in diesem Weltall, noch im Himmel oder auf Erden, oder irgendwo erworben werden, wohin Seele und Gedanken reichen können, oder was der Vorstellung zugänglich ist. Kein solcher Ort kann Freiheit geben, weil alle sich in unserm Universum befinden, und das Universum durch Kausalität gebunden sein muss. Es muss etwas viel Schöneres sein; es gibt Orte, die viel schöner sind als diese unsere Erde, und wo Vergnügungen viel intensiver sind; aber es wird in diesem Universum, und darum in Knechtschaft sein; deshalb müssen wir darüber hinaus gehen, und wahre Religion beginnt dort, wo dieses kleine Universum aufhört. Dort enden diese kleinen Freuden und Schmerzen und Kenntnisse, und die wirklichen beginnen. So lange wir diesen Lebensdurst, dieses heftige Anklammern an diesen einen Augenblick des Daseins nicht aufgeben können, haben wir keine Hoffnung, auch nur einen Schimmer jener grenzenlosen höheren Freiheit zu erhaschen. Es steht also fest, dass es nur eine einzige Möglichkeit gibt, zu jener Freiheit, dem Ziel der Menschheit, zu gelangen, und zwar durch das Aufgeben dieses kleinen Lebens, dieses kleinen Weltalls, dieser Erde, des Himmels, des Körpers, des irdischen Sinnes, durch das Aufgeben aller Dinge. Wenn wir diese kleine Welt der Sinne und des Gemütes aufgeben können, so werden wir gleich frei sein. Der einzige Weg, den Fesseln zu entrinnen, ist über Gesetz und Kausalität hinauszugehen. Doch wo immer dieses Universum existiert, da überwiegt Kausalität.

Aber es ist ein sehr schweres Ding, diese Welt aufzugeben; wenige gelangen jemals dahin. Es gibt zwei Wege in unsern Büchern. Einer heißt »neti neti« (nicht dieses, nicht dieses), der negative, der andere heißt »iti iti« (dieses, dieses), der positive Weg. Der negative Weg ist der schwerste Weg. Es ist nur möglich für die allerhöchsten, für die Ausnahmsseelen, gigantischen Willenskräfte, die einfach stehen und sagen; »Nein, ich will dieses nicht haben«, und Seele und Körper gehorchen, und sie kommen heraus. Doch solche Menschen sind sehr selten, und die große Mehrzahl wählt den positiven Weg, den Weg durch diese Welt, indem sie alle Fesseln gebrauchen, um jene Fesseln zu zerreißen. Das ist auch ein Aufgeben, nur langsam und stufenweise, indem man die Dinge kennen lernt, sie genießt und auf diese Weise Erfahrung gewinnt, und die Natur der Dinge erkennt, bis das Gemüt sie fahren lässt und ungebunden wird. Der eine ist der Weg des Denkens, der andere der der Tat. Der erste ist der Weg der Gnani und besteht in Verweigerung des Wirkens; der zweite ist Karma Yoga, durch das Werk. Jeder muss in der Welt schaff en. Nur die, die ganz durch das Selbst befriedigt sind, deren Wünsche nicht über das Selbst hinausgehen, deren Sinn niemals aus dem Selbst hinausstrebt, denen das Selbst alles in allem ist, schaffen nicht. Die Übrigen müssen alle arbeiten. Ein von selbst ungestüm abwärts rauschender Strom stürzt in einen Abgrund, macht einen Wirbelstrudel, und nachdem er sich eine Zeit lang in seinem eigenen Strudel herumgedreht hat, kommt er wieder in Form des freien Stromes hervor. So gleicht jedes menschliche Leben jenem Strome. Es gerät in den Strudel, wird in diese Welt des Namens und der Form hineingerissen. wirbelt eine Weile herum, schreit: Mein Vater, mein Bruder, mein Name, mein Ruhm, und taucht endlich wieder auf und gewinnt seine Freiheit zurück. Das ganze Universum tut, bewusst oder unbewusst, dasselbe. Jedermann macht diese Erfahrung und gelangt endlich aus diesem Wirbelstrudel heraus.

Aber was ist Karma Yoga? = Das Geheimnis des Werkes zu kennen. Wir sehen das ganze Weltall wirken. Für was? Für Erlösung, für Freiheit, bewusst oder unbewusst, vom Atom bis zum höchsten Wesen, wirken für den einen Endzweck: Freiheit für das Gemüt, den Körper, den Geist für alles; immer bemüht, die Freiheit zu gewinnen, der Knechtschaft zu entfliehen. Karma Yoga offenbart uns das Geheimnis, die Methode des Werkes, die organisatorische Macht der Arbeit. Die größte Menge von Energie kann umsonst ausgegeben werden, wenn wir nicht verstehen, sie nützlich anzuwenden. Karma Yoga macht eine Wissenschaft daraus. Ihr lernt, wie ihr alle Schaffenskräfte dieser Welt ausnützen könnt. Arbeit ist unvermeidlich, sie muss sein; jedoch für den höchsten Zweck. Karma Yoga lehrt uns einsehen, dass diese Welt eine Welt von fünf Minuten ist; dass sie etwas ist, das wir durchwandern müssen, dass jene Freiheit hier nicht wohnt, wir aber höher hinausstreben müssen, um zur Freiheit zu gelangen. Um den Weg hinauszufinden, werden wir langsam und sicher hindurchgehen müssen. Es mag jene Ausnahmemenschen geben, von denen ich eben sprach, die bei Seite stehen und die Welt aufgeben können, wie die Schlange ihre Haut abwirft und gleichgültig darauf hinschaut; es gibt solche Ausnahmeweser, aber die übrige Menschheit muss langsam hindurchschreiten, und Karma Yoga zeigt der Welt das Verfahren, das Geheimnis, die Methode, es am vorteilhaftesten anzufangen.

Was sagt es? — »Wirke unaufhörlich, aber gib jedes Anhängen an das Werk auf«. Identifiziere dich mit nichts. Halte dein Gemüt frei. Alles was ihr seht, die Schmerzen und Leiden sind nur Bedingungen dieser Welt. Armut, Reichtum und Glück sind nur für den Augenblick; sie gehören durchaus nicht zu unserer Natur. Unsere Natur ist weit erhaben über Elend oder Glück, über alles, was die Sinne oder die Einbildungskraft betrifft, und dennoch müssen wir allezeit fortfahren zu wirken. »Elend kommt durch Anhängen, nicht durch

Arbeit«. Sobald wir uns mit dem Werke identifizieren, fühlen wir uns elend; doch wenn wir uns nicht damit identifizieren, fühlen wir nichts von dem Elend. Wenn ein schönes Gemälde verbrennt, das einem, andern gehört, so wird ein Mensch nicht unglücklich; aber wenn sein eigenes verbrennt, wie unglückselig fühlt er sich dann! Warum? Beides waren schöne Bilder, vielleicht Kopien desselben Originals; aber nur in dem einen Fall wird Trauer empfunden, im andern nicht. Das geschieht, weil er sich im einen Fall mit dem Bilde identifiziert, im andern nicht. Dieses »ich und mein« verursacht das ganze Elend. Mit dem Besitz kam Selbstsucht, und Selbstsucht brachte Leid. Jede Tat oder jeder Gedanke der Selbstsucht macht uns anhänglich an etwas dahinter, und sofort sind wir zu Sklaven gemacht. Jede Welle im Chitta, die spricht: »Ich und mein«, legt uns sogleich eine Fessel an und macht uns zu Sklaven, und je mehr wir sagen »ich und mein«, wächst die Sklaverei und vermehrt sich das Elend. Deshalb gebietet uns Karma Yoga, uns aller Gemälde der Welt zu erfreuen, doch uns nicht mit ihnen zu identifizieren. Niemals sagt »mein«. Sobald wir behaupten, ein Ding sei unser, wird unmittelbar darauf das Elend kommen. Sagt nicht einmal »mein Kind« in eurem Gemüt. Freut euch des Kindes, aber sagt nicht »mein«. Wenn ihr es tut, wird das Unglück kommen. Sagt nicht »mein Haus«, sagt nicht »mein Körper«. Hierin liegt die ganze Schwierigkeit. Der Körper ist weder euer, noch mein, noch jemandes. Diese Körper kommen und gehen nach den Gesetzen der Natur; aber wir sind frei und stehen als Zuschauer. Der Körper ist nicht freier als ein Gemälde oder eine Mauer. Warum sollten wir uns an einen Körper klammern? Wenn jemand ein Bildnis malt, so tut er es und geht hinweg. Warum sich daran hängen? Lasst es gehen. Strecke nicht jenes Füllhorn der Selbstsucht aus, »ich will es besitzen«. Sobald das ausgestreckt wird, fängt Elend an.

Darum sagt der Karma Yogi: Zerstört zuerst die Neigung, dieses Füllhorn, der Selbstsucht auszustrecken, und wenn ihr die Kraft habt, es zurückzuhalten, so tut es. Erlaubt der Seele nicht, in jenem Wellenschlag hineinzugeraten. — Dann geht in die Welt hinaus, und schafft so viel ihr könnt. Nehmt teil au allem, geht, wohin es euch gefällt, ihr werdet nie berührt werden. Gleich dem Lotusblatt im Wasser, das vom Wasser nicht berührt werden kann, so seid ihr. Das wird »vairagyam«, das Gesetz des Karma Yoga, Nichtanhängen, genannt. Ich habe euch aber, gesagt, dass es ohne Nichtanhängen kein Yoga geben kann. Es ist die Basis aller Yogas, und das ist die wahre Bedeutung vom Nichtanhängen. Der Mann, der es aufgibt, in Häusern zu wohnen, feine Kleider zu tragen, gute Dinge zu essen, und statt dessen in die Wüste geht, kann eine sehr anhängende Persönlichkeit sein. Sein einziger Besitz, sein Körper mag für ihn alles werden, und er kämpft für seinen Körper. Nichtanhängen betrifft nicht das, was wir in unserem äußeren Körper tun, sondern es wohnt im Gemüte: dieses verbindende Glied, von »ich und mein« ist im Körper. Wenn wir diesen Zusammenhang mit dem Körper Und mit Angelegenheiten der Sinne nicht haben, sind wir nicht anhängend, wo wir auch sein mögen. Ein Mann mag auf dem Throne sitzen und völlig nicht anhängend sein. Zuerst müssen wir dieses Nichtanhängen haben, und dann wirken wir unaufhörlich. Der Karma Yogi zeigt uns die Methode, die uns hilft, dieses Anhängen aufzugeben. Es ist sehr schwer aufzugeben.

Hier sind die zwei Wege, alles Anhängen aufzugeben. Der eine ist für die, die nicht an Gott und äußere Hilfe glauben. Sie sind ihren eigenen Anschlägen überlassen und haben einfach mit ihrem eigenen Willen, der Kraft der Seele, jenem »ich muss nichtanhängend sein«, und mit der Unterscheidungskraft zu schaffen. Für die, die an Gott glauben, ist es weniger schwer. Sie geben die Früchte der Arbeit »für den Herrn« auf, und beginnen zu wirken, ohne jemals an die Resultate ihres Werkes gebunden zu sein. Was sie auch sehen, hören, fühlen, tun, alles ist für »Ihn«. Was wir auch Gutes tun mögen, lasst uns kein Lob für uns selbst in Anspruch nehmen. Es ist. des Herrn. Entsagt den Früchten um seinetwillen, fasset uns selbst aus den erhabensten Werken unseres Lebens niemals einen Vorteil ziehen wollen, oder glauben, dass wir eine gute Tat getan hätten. Lasset uns in Frieden, im tiefsten Frieden mit uns selbst sein, und unsern Körper, unsere Seele und alles Übrige als eine ewige Opferung darbringen. Anstatt Feueropfer darzubringen, bringt das eine Opfer Tag und Nacht, das Opfer des kleinen Selbst. Tag und Nacht verleugnet das Scheinselbst, bis es zur Gewohnheit wird, bis es in das Blut, die Nerven, das Gehirn übergeht, und der ganze Körper dieser Idee jeden Augenblick gehorsam ist. Dann können wir überall hingehen, nichts wird uns berühren. Geht mitten aufs Schlachtfeld, unter brüllende Kanonen und Kriegsgetöse, und ihr werdet frei und friedevoll sein.

Karma Yoga lehrt uns, dass die »Pflicht« dem niederen Plane angehört; jeder von uns muss seine Pflicht tun. Dieses ist meine Pflicht und jenes ist meine Pflicht. Dennoch sehen wir, dass diese Pflicht die eine große Ursache des Elends ist. Sie wird zur Krankheit bei uns, zerrt uns immer wieder vorwärts. Sie krallt sich an uns fest und macht unser ganzes Leben elend. Sie ist das Gift des menschlichen Lebens. »Diese Pflicht, dieser Begriff der Pflicht, ist die Mittagssommersonne, die die innerste Seele des Menschen ausdörrt«.

Schaut auf die armen Sklaven der Pflicht. Die Pflicht lässt ihnen keine Zeit, an irgendetwas anderes zu denken, keine Zeit, Gebete zu sprechen, keine Zeit zum Baden. Die Pflicht liegt immer schwer auf ihnen. Sie gehen aus und arbeiten. Die Pflicht liegt auf ihnen. Sie kommen heim und denken an die Pflicht des nächsten Tages. Die Pflicht lastet auf ihnen. Das heißt ein Sklavenleben führen, und zuletzt in der Gasse niedersinken, und wie ein Gaul im Geschirr sterben, das ist Pflicht, wie sie aufgefasst wird. Die einzige Pflicht aber ist, nichtanhängend zu sein, und als freie Wesen zu wirken. Gesegnet sind wir, dass wir hier sind. Wir dienen unserer Zeit; ob wir es schlecht oder gut tun, wer weiß es? Wenn wir es gut tun, bekommen wir die Früchte nicht, und wenn wir es schlecht tun, so kümmern wir uns auch nicht darum. Seid ruhig, seid frei und arbeitet. Das zu erreichen ist ein schweres

Ding. Wie leicht ist es, Sklaverei als Pflicht auszugeben, das krankhafte Anklammern des Fleisches an Fleisch als Pflicht. Die Menschen gehen in die Welt und kämpfen und placken sich ab um Geld. Fragt sie, warum sie es tun, und sie werden antworten: »Das ist Pflicht«. Es ist die tolle Gier nach Geld, und sie wollen sie mit ein paar Blumen bedecken.

Was ist aber nach alledem die Pflicht? Alle Pflicht ist ein Hintergrund. Sie ist der Pulsschlag des Fleisches, unser Anhängen, und wenn ein Anhaften sich eingenistet hat, so nennen wir es Pflicht. Zum Beispiel gibt es in Gegenden, wo keine Heirat existiert, auch keine Pflichten zwischen Mann und Weib. Wenn die Heirat kommt, und die Eheleute leben miteinander, so leben sie wegen fleischlicher Anziehung zusammen; das wird nach Generationen zur feststehenden Tatsache, und wenn es sich festgesetzt hat, so wird es »Pflicht«. Es ist eine Art chronischer Krankheit. Wenn es akut ist, nennen wir es »Krankheit«, wenn es chronisch ist »Natur«. Es ist eine Krankheit. Wenn Anhängen chronisch wird, taufen wir es mit dem hochtönenden Namen der Pflicht. Wir streuen Blumen darauf, Trompeten erklingen, heilige Textworte werden darüber gesprochen; dann kämpft die ganze Welt, und einer beraubt den andern zu Gunsten dieser Pflicht. Pflicht ist gut, sie hemmt die Brutalität bis zu einem gewissen Grade. Für den niedrigsteh enden Menschen, der kein anderes Ideal haben kann, ist sie von einigem Wert; aber die, die Karma Yogis sein wollen, müssen diesen Pflichtbegriff über Bord werfen. Es gibt keine Pflicht für dich und mich. Was du der Welt zu geben hast, gib es ihr, aber nicht als Pflicht. Lass dir das nicht in den Sinn kommen. Sei nicht gezwungen. Warum solltest du dich zwingen lassen? Alles, was ihr unter Zwang tut, ist Anhängung. Warum solltet ihr irgendeine Pflicht haben? Ihr habt keine Pflicht unter der Sonne. Wenn ihr Belohnung haben wollt, müsst ihr auch Strafe haben. Die einzige Manier, der Strafe zu entgehen, ist, die Belohnung aufzugeben, weil diese beiden mit einander verkettet sind. Auf der einen Seite Glück, auf der andern Unglück. Auf einer Seite Leben, auf der andern Tod. Der einzige Weg, den Tod zu überwinden, ist, dem Leben zu entsagen, nichts darum zu geben. Leben und Tod sind ein und dasselbe, von verschiedenen Gesichtspunkten betrachtet. Für Schulknaben und Kinder ist der Begriff des Glückes ohne Leid, des Lebens ohne Tod sehr gut; aber der Denker weiß, dass das ein Widerspruch ist, und gibt beides auf. Sucht weder Lob noch Lohn für irgendetwas, das ihr tut. Es ist eine sehr harte Aufgabe. Kaum tun wir ein gutes Werk, so regt sich auch schon das Verlangen, nach Anerkennung. Kaum geben wir Geld für einen barmherzigen Zweck, so wollen wir auch unsern Namen in der Zeitung sehen. Die Folge solcher Wünsche kann nur Elend sein. Die größten Männer der Welt sind unbekannt dahingegangen. Die Buddhas und Christusmenschen, die ihr seht, sind im Vergleich mit ihnen nur Männer zweiten Grades. Hunderte von ihnen haben in jedem Lande gelebt und schweigend gewirkt. Schweigend ziehen sie von dannen, und mit der Zeit finden ihre Gedanken Ausdruck in Buddhas und Christusgestalten und die letzteren werden euch bekannt. Die erhabensten Männer strebten nicht danach, aus ihrer Erkenntnis Namen oder Ruhm zu ziehen. Ihre ganze Natur sträubte sich dagegen. Sie sind die reinen Sattvikas, die nirgends Aufsehen machen können, jedoch in Liebe hinschmelzen.

Sodann kommen Männer mit mehr Rajas oder Tatendurst, kampffähige Naturen, die die Gedanken der Vollkommenen aufnehmen und sie der Welt predigen. Die Höchsten sammeln Ideen in der Stille, und die andern, die Buddhas und Christusse wandern predigend und wirkend von Ort zu Ort. Die erhabensten Menschen sind ruhig, schweigend und unbekannt. Sie sind die Männer, die in Wahrheit die Macht des Gedankens kennen. Sie sind sicher, dass, wenn sie sich in eine Höhle zurückziehen, die Türe zuschließen, nichts tun, als fünf Gedanken denken, und von hinnen gehen, diese fünf Gedanken durch alle Ewigkeit leben werden. Sie werden durch die Berge dringen, die Ozeane durchkreuzen, die Welt durchreisen, werden in einigen Gehirnen Eingang finden und einige

Männer erwecken, die diese Gedanken zum Ausdruck bringen. Diese Wesen stehen dem höchsten Herrn zu nahe, um tätig werden, streiten, wirken, kämpfen, predigen und der Menschheit Gutes tun zu können. Die tätig Wirkenden, wenn auch noch so gut, besitzen doch noch einen kleinen Rest von Unwissenheit. Nur dann allein, wenn unsere Natur noch einige Unreinheiten in sich birgt, können wir tätig sein. Die höchsten Menschen können nicht tätig sein. »Die, deren ganze Seele in das Selbst eingegangen ist, deren Wünsche im Selbst eingeschlossen sind, die ganz Eins mit dem Selbst geworden sind, für solche gibt es kein Werk«. Sie sind die Erhabensten der Menschheit, die nicht wirken können. Doch außer diesen muss jeder wirken. Aber denkt niemals, dass ihr in diesem Weltall auch nur im Geringsten helfen könnt. Ihr könnt es nicht. Ihr helft nur euch selbst in diesem Gymnasium der Welt. Das ist die Stellung, die das Werk einnimmt. Wenn ihr in dieser Weise schafft, wenn ihr immer eingedenk seid, dass es ein Vorzug ist, der euch verliehen wurde, so werdet ihr nie anhängend sein. Diese Welt schreitet vorwärts. Millionen gleich dir und mir halten sich für große Leute in der Welt; doch wir sterben, und nach fünf Minuten hat die Welt uns vergessen. Gebt alle Früchte der Werke auf. Tut Gutes um des Guten willen; nur dann wird völliges Nichtanhängen kommen. Die Bande des Herzens werden zerreißen, und wir werden vollkommene Freiheit ernten. Das ist das Geheimnis Karmas.

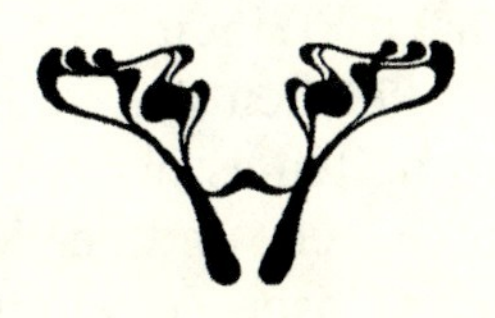

VIII.

# DAS IDEAL KARMA YOGAS

Der Gedanke ist der, dass wir dasselbe Ziel durch verschiedene Mittel erreichen können, und diese Mittel generalisiere ich in vier: Werk, Liebe, Psychologie und Erkenntnis. Aber ihr müsst auch eingedenk sein, dass diese Einteilungen nicht sehr markiert sind. Das eine geht in das andere über, und je nachdem der Typus überwiegt, entstehen die Teilungen. Nicht etwa, dass ihr keinen Menschen finden könntet, der nur die Fähigkeit der Arbeit hätte, oder keinen, der nichts als Beter wäre, oder andere, die nur Erkenntnis hätten. Nein, diese Grenzlinien wurden auf Grund der in einem Menschen überwiegenden Neigung oder Typus gezogen. Wir haben gefunden, dass sie zuletzt alle zusammentreffen und Eins werden, indem sie ein Ziel erreichen. Alle Religionen und alle Methoden der Arbeit bewegen sich jenem Ziel entgegen.

Erst will ich versuchen, das Ziel näher zu bezeichnen. Was ist das Ziel des ganzen Universums? Freiheit. Alles, was wir sehen, hören, fühlen, strebt der Freiheit entgegen, vom Atom bis zum Menschen, von dem gefühl- und leblosen Partikelchen der Materie bis zur höchsten menschlichen Existenz, der menschlichen Seele. Das ganze Weltall ist das Resultat dieses Ringens nach Freiheit. In all diesen Kombinationen versucht jedes Partikelchen den andern Partikeln zu entfliehen, und die andern halten es in Schach. Unsere Erde versucht der Sonne zu entfliehen, und der Mond der Erde. Jedes Ding hat die Neigung endloser Zerteilung. Alles, was wir in diesem Universum sehen, Gutes, Böses, oder Indifferentes, jedes Werk oder jeder Gedanke hat dieses eine Streben nach

Freiheit zur Grundlage; es befindet sich alles unter dem Einflüsse dessen, was der Heilige erbittet und der Räuber raubt. Wenn eine eingeschlagene Handlungsweise nicht geeignet ist, so nennen wir sie übel, und wenn die Betätigung geeignet und erhaben ist, so nennen wir sie gut. Aber der Antrieb, jener Freiheit entgegenzuringen, ist derselbe. Der Heilige ist durch die Idee seines Gebundenseins bedrückt, und er will sich davon befreien, deshalb betet er zu Gott. Der Dieb wird von dem Gedanken gepeinigt, dass er gewisse Dinge nicht besitzt und möchte frei davon werden, darum stiehlt er. Freiheit ist das eine Ziel aller Natur, der fühlenden, wie der gefühllosen, alles strebt danach.

In jeder Religion finden wir den Ausdruck dieses Ringens nach Freiheit. Es ist das Grundprinzip aller Moralität und Selbstlosigkeit, die das Überwinden der Idee bedeutet, dass ich dieser kleine Körper bin. Wenn wir einem Menschen Gutes tun, andern helfen sehen, so heißt das, dass dieser Mensch nicht in dem engen Kreis von »ich und mein« eingeschlossen ist. Es gibt keine Grenze für dieses Heraustreten. Alle großen ethischen Systeme predigen absolute Selbstlosigkeit als Ziel. Vorausgesetzt, dass diese absolute Selbstlosigkeit von einem Menschen erreicht werden könne, was wird aus ihm? Er ist nicht mehr jener kleine Herr So und So; er hat grenzenlose Erweiterung erworben. Jene kleine Persönlichkeit, die er vorher hatte, ist für immer verloren; er ist unendlich geworden, und die Erlangung dieser unendlichen Ausdehnung ist das Ziel aller Religionen und Lehren. Der Personalist erschrickt, wenn er diese Frage philosophisch behandelt sieht. Er lehrt aber dieselbe Sache, wenn er Moral predigt. Er setzt der menschlichen Selbstlosigkeit keine Grenzen. Denkt euch, dass ein Mensch unter dem personalistischen System völlig selbstlos würde, wie hätten wir ihn von andern in anderen - Systemen zu unterscheiden? Er ist Eins mit dem Universum, und das ist das Ziel; nur wagt der arme Personalist nicht, seine eigenen Prämissen bis zu ihren richtigen Schlussfolgerungen zu verfolgen. Karma Yoga erreicht dieses Ziel, jene Freiheit, die das Ziel der menschlichen Natur ist, durch selbstloses Werk. Jede egoistische Tat verzögert deshalb unsere Erreichung des Zieles, und jede selbstlose treibt uns dem Ziele entgegen, darum ist die einzig richtige Definition der Moral, dass das, was selbstsüchtig ist, unmoralisch, und was selbstlos ist, moralisch ist.

Doch wenn ihr zu den Einzelheiten kommt, werdet ihr einen Unterschied finden. Zum Beispiel wird die Umgebung die Einzelheiten verschieden gestalten. Dieselbe Handlung, die unter gewissen Umständen selbstlos ist, wird unter andern Verhältnissen selbstsüchtig sein. So können wir nur eine allgemeine Definition geben, und die Beurteilung der Einzelheiten von den Unterschieden in Zeit, Ort und Umständen abhängig machen. In einem Lande wird eine Art des Benehmens für moralisch gehalten, und in einem andern für sehr unmoralisch, weil die Verhältnisse verschieden sind. Das Ziel aller Natur ist Freiheit, und diese Freiheit ist nur durch völlige Selbstlosigkeit zu erreichen; alle Gedanken, Worte oder Taten, die selbstlos sind, bringen uns dem Ziele näher, und werden als solche moralisch genannt. Diese Definition wird für jede Religion und jedes ethische System gut sein. Zum Beispiel werdet ihr verschiedene ethische Begriffe finden. In einigen Systemen stammen sie von einem höheren Wesen, Gott. Wenn ihr fragt, warum ein Mensch dieses und nicht jenes tun soll, so werden sie antworten: »Weil es Gottes Befehl ist«. Aber was auch immer der Urquell sein mag, so wird die Zentralidee ihres Codex sein, nicht an sich selbst zu denken, das Selbst aufzugeben.

Ich möchte den Mann, der an der kleinen Persönlichkeit haftet, auffordern, den Fall eines Menschen zu betrachten, der vollkommen selbstlos geworden ist, der keinen Gedanken an sich selbst hat, der keine Tat für sich selbst tut, kein Wort für sich selbst spricht, — wo ist »er selbst?« Jenes »er selbst« ist persönlich für ihn, solange er für sich selbst denkt, handelt und weiß. Wenn er sich nur anderer oder des Universums bewusst ist, wo ist »er selbst«? Es ist für immer dahin.

Dieses Karma Yoga ist deshalb ein System, Freiheit durch Selbstlosigkeit, durch gute Werke zu erlangen. Der Karma Yogi braucht keine Lehre zu haben. Er braucht an keinen Gott zu glauben, braucht nicht zu fragen, was seine Seele sei, oder an irgendeine metaphysische Spekulation zu denken. Er hat seine besondere Aufgabe erhalten und muss sie selbst erfüllen. Jeder Augenblick seines Lebens muss Verwirklichung sein, weil er ohne Doktrin oder Theorie dasselbe Problem löst, was der Gnani oder Fromme seinen Spekulationen unterzieht oder in Lehrformeln zwingt.

Nun kommt die nächste Frage: Was ist dieses Werk? Was ist dieses »der Welt Gutes tun«? Können wir der Welt Gutes tun? Im absoluten Sinne, nein, in einem relativen Sinne, ja. Kein permanent Gutes kann man dieser Welt tun; wenn es geschehen könnte, so wäre es nicht diese Welt. Wir können für fünf Minuten den Hunger eines Menschen stillen; doch er wird wieder hungrig werden. Jedes Vergnügen, das wir einem Menschen verschaffen, kann nur momentan sein. Niemand kann dauernd diese immer wiederkehrenden Reihenfolgen von Schmerz und Freude stillen. Kann der Welt irgendein dauerndes Maß von Glück gegeben werden? Nein, nicht einmal das. Ihr könnt im Ozean keine Welle emportreiben, ohne wo anders eine Höhlung zu machen. Die Totalsumme von Kräften ist in der ganzen Welt die gleiche, überall dieselbe. Sie kann nicht zu- oder abnehmen. Seht die Geschichte der menschlichen Rasse an, wie wir sie heutzutage kennen. Dieselben Leiden und das gleiche Glück, dieselben Schmerzen und Freuden, dieselben Unterschiede der Stellung: einige reich, einige arm, einige in hoher, einige in niedriger Lebensstellung, einige gesund, andere krank. Ihr findet das nämliche bei den alten Ägyptern, Römern und Griechen, wie heutigen Tages bei den Amerikanern. Soweit die Geschichte reicht, ist es immer das Gleiche gewesen; auch sehen wir, dass neben diesen Unterschieden von Freud und Leid immer das Streben bestanden hat, sie ein wenig auszugleichen. In jeglichem historischen Zeitalter hat es immer Tausende von Männern und

Frauen gegeben, die bemüht waren, den Lebenspfad anderer zu ebenen. Aber sie haben es niemals mit Erfolg getan. Wir können uns nur mit dem Spiel unterhalten, den Ball von einem Platz auf den andern zu werfen. Wir nehmen dem physischen Körper Schmerz ab, und er geht auf den geistigen über. Es gleicht jenem Bilde in Dantes Hölle, wo den Geizhälsen ein Klumpen Goldes gegeben wird, den sie den Berg hinaufwälzen, und der dann immer wieder hinunterrollte. So dreht sich das Rad weiter. Alle diese Reden vom tausendjährigen Reich sind sehr nett als Schulknabengeschichten, aber nichts Besseres als das. Alle Nationen, die von tausendjährigen Reichen träumen, glauben, auch, dass gerade sie das Beste davon haben werden; das ist die wundervoll selbstlose Idee des tausendjährigen Reiches.

Wir kommen zu dem Schluss, dass wir weder dem Glück, noch dem Schmerz dieser Welt etwas hinzufügen können. Die Totalsumme der entwickelten Kräfte wird durchaus dieselbe sein. Wir wälzen sie nur von der einen zur andern, und von der andern zur einen Seite; aber sie wird die nämliche bleiben, weil es einmal so ihre Natur ist. Diese Ebbe und Flut, dieses Steigen und Fallen ist ihre wahre Natur: es wäre genauso logisch, zu behaupten, wir könnten das Leben ohne den Tod haben. Es ist kompletter Unsinn, weil der innerste Sinn des Gebens beständiger Tod ist. Die Lampe brennt beständig aus, und das ist ihr Leben. Wenn ihr Leben haben wollt, so werdet ihr auch jeden Augenblick sterben müssen. Das sind nur verschiedene Ausdrucksweisen für dieselbe Sache, von verschiedenen Standpunkten aus betrachtet; ein jeder von ihnen ist nur das Steigen und Fallen derselben Welle, und die beiden bilden ein Glied. Man schaut die »Fall«seite an und wird Pessimist, oder die »Steige«seite und wird ein Optimist. Wenn ein Knabe zur Schule geht und seine Eltern sorgen für ihn, so erscheint ihm alles herrlich, seine Bedürfnisse sind einfach, er ist ein großer Optimist: aber der alte Mann mit seinen Erfahrungen ist ruhiger und kühler geworden. So sind alte Nationen, mit Zerfall rings um sich her, weniger hoffnungsreich als junge. In Indien gibt es ein Sprichwort: »Tausend Jahre eine Stadt, und tausend Jahre ein Wald«. Dieser Wechsel dauert fort und macht die Menschen zu Optimisten oder Pessimisten, je nachdem von welcher Seite sie es betrachten.

Was wir nun ins Auge fassen wollen, ist die Idee der Gleichheit. Diese Gedanken vom tausendjährigen Reiche sind große Antriebskräfte zur Arbeit gewesen. Manche Religionen predigen es als Grundprinzip. Gott wird das Weltall regieren; es wird keinen Unterschied der Zustände geben. Die Völker, die das predigen, sind Fanatiker, und: Fanatiker sind die ehrlichsten unter den Menschen. Das Christentum wurde mit diesem Fanatismus gepredigt, und gerade das machte es den römischen und griechischen Sklaven so anziehend. Sie glaubten, sie würden der Sklaverei entgehen, genügend zu essen und zu trinken haben, und darum scharten sie sich um diese Standarte. Die, die das Christentum zuerst predigten, waren natürlich unwissende Fanatiker, aber sehr aufrichtig. In modernen Zeiten nimmt es die Form von Gleichheit an, — Gleichheit, Brüderlichkeit und Freiheit. Das ist auch Fanatismus. Diese Gleichheit war niemals und kann niemals sein. Wie könntet ihr hier gleich sein? Das würde Tod bedeuten. Wodurch entsteht diese Welt? Durch verlorenes Gleichgewicht. Im Urzustände, der Chaos genannt wird, herrscht vollkommenes Gleichgewicht. Wie kommen alle diese Kräfte? Durch Ringen, Wetteifer, Kampf und Streit. Fragt euch, ob es eine Schöpfung geben könnte, wenn alle diese Stoffpartikelchen im Gleichgewicht gehalten würden. Die Wissenschaft sagt uns, dass es keine geben würde. Regt das Wasser auf, und ihr werdet bemerken, dass jedes Wasseratomchen wieder zur Ruhe zu kommen sucht, indem eins gegen das andere stößt, und in dieser Weise entstehen alle die Phänomene, die ihr Universum nennt; alle Dinge streben danach, zum völligen Gleichgewicht zurückzukehren. Dann wird wieder eine Störung kommen, und diese Kombination wird fortfahren, eine Schöpfung hervorzurufen. Ungleichheit ist die wahre Grundlage der Schöpfung. Zugleich sind aber die nach Gleichheit strebenden Kräfte ebenso sehr eine Notwendigkeit der Schöpfung, als die, die sie zerstören.

Absolute Gleichheit, solche, die ein völliges Gleichgewicht aller streitenden Kräfte bedeutet, wird es niemals in dieser Welt geben. Bevor ihr diesen Zustand erreicht habt, wird die Welt ausgekältet und ein Eisklumpen geworden sein, und niemand wird mehr hier sein. Wir sehen also, dass alle Ideen vom tausendjährigen Reich, oder absoluter Gleichheit, nicht nur unmöglich sind, sondern dass, wenn wir sie ins Leben rufen können, sie zum Tage der Zerstörung führen würden.

So gibt es auch die Verschiedenheit in den menschlichen Gehirnen. Was macht den Unterschied zwischen Mensch und Mensch? Es ist die Verschiedenheit des Gehirns. Heutzutage wird nur noch ein Verrückter sagen, dass wir alle mit dem gleichen Gehirne geboren seien. Wir sind ungleich in die Welt gekommen, sind als größere oder kleinere Menschen geboren, und davon gibt es kein Entrinnen. Die amerikanischen Indianer waren vor Tausenden von Jahren in diesem Lande, als eine Handvoll eurer Vorfahren kam. Was hätte die Verschiedenheit bedeutet, wenn alle Menschen gleich wären? Warum konnten die Indianer nicht Fortschritte machen und Städte bauen, und warum trieben jene sich nicht allezeit jagend in den Wäldern umher, wenn wir alle gleich sind? Eine andere Art von Gehirnstoff kam, andere Massen vergangener Eindrücke kamen, und sie lebten sich aus und manifestierten sich. Absolute Nichtdifferenzierung ist Tod. Solange diese Welt besteht wird es Differenzierung geben; aber das tausendjährige Reich wird: kommen, wenn der Zyklus zu Ende geht. Vorher kann es keine Gleichheit geben. Doch diese Idee ist eine große bewegende Kraft. Gerade wie die Ungleichheit eine Notwendigkeit für die Schöpfung ist, so ist auch das Bestreben, ihr Schranken zu ziehen, nötig. Wenn es keine Differenzierung gäbe, würde keine Schöpfung sein. Wenn es kein Streben gäbe, frei zu werden und zurückzukehren, würde es keine Schöpfung geben; aber die Verschiedenheit dieser beiden Kräfte ist die bewegende Macht. Es wird dann immer diese bewegenden Kräfte zur Arbeit geben.

Dieses Rad im Rade ist schrecklicher Mechanismus; wenn wir unsere Hände hineinstecken, sind wir dahin, sobald wir davon ergriffen werden, Wir alle denken, dass, wenn wir eine bestimmte Pflicht getan haben, wir zur Ruhe kommen werden, doch noch ehe wir einen Teil davon abgetan haben, wartet schon eine andere auf uns. Wir werden alle von dieser Maschine fortgeschleift.

Es gibt nur zwei Wege, der eine ist, die Maschine aufzugeben, es gehen zu lassen, wie es geht, und beiseite zu stehen. »Unsere Wünsche aufgeben«, das ist sehr leicht gesagt, aber fast unmöglich zu tun. Ich weiß nicht, ob unter 20 Millionen Menschen einer es kann. Der andere Weg ist, in die Welt unterzutauchen, das Geheimnis des Werkes zu lernen, und das ist Karma Yoga. Fliehe nicht davon, sondern stehe inwendig und erkenne das Geheimnis des Schaffens. Durch Werke werden wir herauskommen. Durch jene Maschinerie geht der Weg hinaus.

Wir haben nun gesehen, was dieses Werk ist. Um das Ganze summarisch zu betrachten: dieses Werk schreitet allezeit vorwärts, und die, die an einen Gott glauben, werden es besser verstehen, wenn sie bedenken, dass Gott keine so unfähige Person ist, unserer Hilfe zu bedürfen. Zweitens wird dieses Universum immer weiter bestehen. Wir müssen erinnern, dass unser Ziel Freiheit ist. Selbstlosigkeit ist unser Ziel, und es ist durch Arbeit zu erreichen, und deshalb müssen wir das Geheimnis der Arbeit lernen. Soweit haben wir gelernt, dass dieses Werk voranschreitet. Alle solche Ideen, wie, die Welt glücklich zu machen, sind gut als Triebfeder für Fanatiker. So törichte Gedanken mögen in alten Zeiten gut gewesen sein; aber wir müssen immer bedenken, dass, obgleich Fanatismus eine sehr gute Triebfeder ist und einige gute Werke zu stände bringt, er doch zugleich ebenso viel Böses als Gutes hervorruft. Der Karma Yogi fragt, warum ihr überhaupt ein Motiv zum Wirken haben müsst. Steht über den Motiven: »Auf das Wirken habt ihr ein Recht, aber nicht auf die Früchte davon«. Der Mensch kann sich dazu erziehen, sagt der Karma Yogi. Wenn der Gedanke, Gutes zu tun, sein innerstes Wesen durch: dringt, dann wird er außerhalb nach keinem Motiv suchen. Warum sollen wir Gutes tun? Weil es uns gefällt, und wir weiter nach nichts fragen. Tut Gutes, weil es gut ist, Gutes zu tun. Der, der Gutes tut, um in den Himmel zu kommen, bindet sich selbst, sagt der Karma Yogi. Jedes Werk, das aus einem Motiv getan wird, schmiedet, anstatt uns frei zu machen, eine neue Kette für unsere Füße. Wenn wir glauben, durch das eine oder andere Werk den Himmel zu erobern, so werden wir zu einem Ort, Himmel genannt, angezogen werden, und hingelangen, und auch alle diese Dinge sehen, die eine Fessel mehr für uns sein werden.

Deshalb ist der einzig richtige Weg, alle Früchte des Werkes aufzugeben und nicht anhängend zu sein. Wisset, dass diese Welt nicht wir ist, und wir nicht diese Welt; dass wir in Wahrheit nicht der Körper sind, und auch kein Werk tun. Wir sind das Selbst, ewiglich in Ruhe und in Frieden. Warum sollten wir durch irgendetwas gebunden sein? Wir dürfen nicht weinen; es gibt keine Tränen für die Seele. Wir sollen auch nicht nach Sympathie seufzen. Nur lieben wir so etwas, und malen uns in unserer Phantasie aus, dass Gott auf seinem Throne ebenso lamentierte. Ein solcher Gott würde nicht wert sein, errungen zu werden. Warum sollte Gott überhaupt klagen? Ist es doch ein Zeichen der Schwäche und des Gebundenseins. Es sollte keinen Tränentropfen geben. Wie kann das geschehen? Es ist sehr leicht, zu sagen, man solle völlig unabhängig sein, aber wie kommt man dahin, es zu werden? Jedes gute Wort, das wir ohne irgendein äußeres Motiv tun, wird, anstatt uns eine Kette zu schmieden, ein Glied in unserer Kette brechen. Jeder gute Gedanke, den wir der Welt senden, ohne an Erwiderung zu denken, wird aufbewahrt werden und ein Kettenglied zerbrechen, wird uns reiner machen, bis wir die reinsten unter den Sterblichen geworden sind. Dennoch scheint es eher eine Donquichotterie und philosophisch als praktisch zu sein. Ich habe manche Argumente gegen die Gita gelesen, und viele haben die Frage aufgeworfen, ob es überhaupt möglich sei, ohne Motiv zu wirken. Sie haben kein anderes Werk als Fanatismus gesehen und sprechen deshalb in dieser Weise.

Ich will euch mit wenigen Worten von einem Manne erzählen, der es ins Praktische übertrug. Dieser Mann war Buddha. Er ist der einzige Mann, der es jemals völlig in die Praxis umsetzte. Alle Propheten der Welt, ausgenommen Buddha, wurden von äußeren Triebkräften bewegt. Die Weltpropheten können, mit dieser einen Ausnahme, in zwei Teile geteilt werden: erstens, die, die behaupten, der auf die Erde herniedergestiegene Gott zu sein, und zweitens die andern, die sich Gesandte Gottes nennen. Beide folgen einem äußeren Antriebe und erwarten Belohnung von außerhalb, wie geistig auch die Sprache sein mag, die sie führen. Nur Buddha ist der einzige Prophet, der sagte: »Ich frage nichts darnach, eure verschiedenen Theorien von Gott zu kennen. Was hat es für einen Nutzen, all die spitzfindigen kehren über die Seele durchzusprechen? Tut Gutes und seid gut. Das wird euch zu aller Wahrheit leiten«. Er war absolut ohne Motivkraft, und welcher Mann wirkt mehr als er? Zeigt mir in der Geschichte einen Charakter, der sich so hoch über alle erhob, als er? Die ganze menschliche Rasse hat nur einen solchen Charakter hervorgebracht, solche erhabene Philosophie, solche Sympathie. Dieser große Philosoph, der die höchste Philosophie predigte, hatte dennoch Sympathie für das geringste Tier und macht niemals irgendwelche Ansprüche. Er ist der ideale Karma Yogi, der gänzlich ohne Motiv handelte, und die Geschichte der Menschheit zeigt ihn als den Größten, der jemals geboren wurde, über jeglichem Vergleich mit andern erhaben; die größte Vereinigung von Kopf und Herz, die jemals existierte, die größte Seelenkraft, die sich jemals offenbarte. Er war der erste größte Reformator, den die Welt jemals sah. Er war der erste, der zu sagen wagte: »Glaubet nicht um einiger alten Manuskripte willen; glaubt nicht, weil es euer Nationalglaube ist, oder weil man euch von Kindheit an zum Glauben zwang; sondern denket selbst darüber nach, und wenn ihr es geprüft habt und findet, dass es einem und allen gut tun wird, dann glaubt es, lebt danach und helft andern, demgemäß zu leben.« Der wirkt am besten, der ohne Triebkraft schafft, weder für Geld, noch irgendetwas anderes, und wenn ein Mensch das zu tun imstande ist, so wird er ein Buddha sein, und in ihm wird die Kraft erstehen, so zu wirken, dass die Welt umgestaltet werden kann. Das ist das wahre Ideal von Karma Yoga.

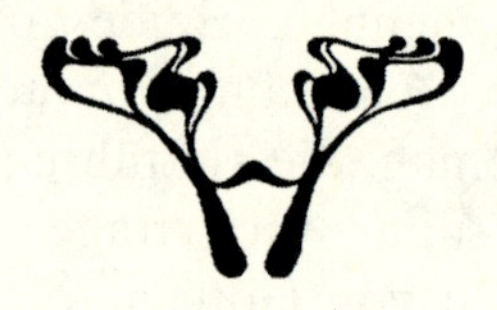

# SCHLUSSWORT ZUR II. AUFLAGE

Die zweite verbesserte Auflage eines klassischen theosophischen Werkes wird mit dieser Ausgabe des Karma-Yoga in neuem, seinem Werte angemessenen Gewände hinaus in die Welt gesandt. Während der vorbereitenden Arbeiten liefen oft Anfragen nach einer Schrift, die über die gesamten: Yoga-Systeme Auskunft und Einführung erteilen könnte, aus unserem Leserkreise bei uns ein. Das veranlasst uns, dem Karma-Yoga des Swami-Vivekananda einige Aufsätze eines gleichfalls in den Yoga-Systemen der Vedantisten außerordentlich bewanderten Landsmannes und Kollegen von ihm als Anhang beizufügen.

Das Sanskritwort »Yoga« heißt in seiner häufigsten Bedeutung so viel wie »Verbindung, Vereinigung« und meint »Verbindung mit dem Gotte«. Es lässt sich am besten durch das Wort »Religion« wiedergeben, denn es deckt sich genau mit dem Begriffe, den wir mit diesem Worte verbinden. Der Okzident kennt die Wege zur Erkenntnis, wie sie der Orient in den Yogasystemen ausgestaltet hat auch zum Teil, wenngleich er die uralte Weisheit weder in so reiner Form bewahrt, noch zu so tief durchdachten, philosophischen Systemen entwickelt hat. Unsere deutschen Klassiker haben das Resultat eines langen religiösen Kulturkampfes, wie er in Lessings »Nathan« (Ring-Episode) hervorragend seinen Austrag gefunden hat, auf Formeln gebracht, die in ihrer Allgemeingültigkeit den indischen Lehren nahekommen. Schiller lehnt die Kirchendogmen, von Lessing beeinflusst, als unvollkommenes Menschenwerk ab:

»Welche Religion ich bekenne? — Keine von allen,

die du mir nennst. — Warum keine? — Aus Religion.«

Goethe erfasste das Wesen der Religion noch tiefer. Für ihn war sie wegen ihres veredelnden Einflusses auf die Menschen unauflöslich mit dem geistigen Schaffen an und für sich verschmolzen.

»Wer Wissenschaft und Kunst besitzt,
der hat auch Religion, |
Wer Wissenschaft und Kunst nicht besitzt,
der habe Religion!«

Unsere neueren Philosophen (Schopenhauer, Nietzsche) schöpften, soweit sie Bedeutendes geleistet haben, zumeist aus dem Quell, der durch die Veden und Upanischaden fließt und haben im Grunde nur die Gedanken, die für uns wertvoll sind, aus den alten, philosophischen Werken herausgearbeitet und in neue, unsere Zeit verständlichere Formen gebracht.

Der Schüler der Theosophie wird beim Studium des Yoga notwendiger Weise die Bhagavad-Gita zur Hand nehmen. Ein Vergleich mit ihr wird ihn belehren, dass die Yoga-Systeme mit den Hauptrichtungen, die hier angeführt werden, keineswegs erschöpft sind, sondern dass die Vedanta-Philosophie und ihre religiöse Basis viele Wege nach dem einen Ziele kennt und dass das Ziel, das erreicht werden soll, für alle aber das gleiche ist.

Gisela Holz.

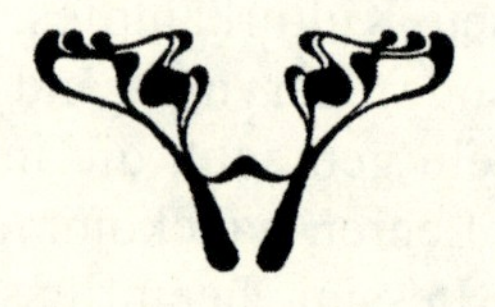

ANHANG

# DIE YOGA-SYSTEME

# WAS IST YOGA?

## VON ANANDA MAYA

In allen den heiligen Schriften der Welt als auch im Leben der inspirierten Lehrer, Propheten, Heiligen und Wahrheitsseher finden wir öfters Beschreibungen wunderbarer Begebenheiten und Kräfte; die, wenn man ein bestimmtes Maß von Übertreibung wegstreicht, dennoch einige Begründung haben müssen. Wir wissen allerdings, dass seit unendlichen Zeiten in jedem Zeitabschnitt und in jedem Stand sich unter den verschiedenen Nationen Personen erhoben haben, die die Gedanken andrer lesen konnten und alles vorhersagten, was sich ereignen sollte. Aber die meisten dieser Menschen verstanden nicht die Ursachen ihrer eignen seltsamen Begabung und versuchten, sie dem Einfluss äußerer Wesen zuzuschreiben, die sie mit verschiedenen Namen nannten: — Götter, Engel, gute oder böse Geister.

Einige von ihnen bildeten sich sogar ein, sie seien speziell dazu erwählt, die Werkzeuge dieser höheren Mächte zu sein und ließen sich als den Auserwählten Gottes oder als besondere Gottheit anbeten, gerade so wie die Führer gewisser Sekten Amerikas von ihren Nachfolgern verehrt zu werden wünschen. In einigen Fällen wurden die, die diese ungewöhnlichen Kräfte besaßen, als göttliche Ausnahmen betrachtet, wie Jesus von den Christen, Muhammed von den Mohammedanern und Buddha bei den Buddhisten. Wieder andere wurden als Zauberer und Hexen verdammt, und die durch solche Verfolgungen erregte Furcht führte zu der geheimen Ausübung verschiedener Methoden, die wiederum aus noch außergewöhnlichen Kundgebungen entsprangen.

Diese Methoden wurden niemals niedergeschrieben, sondern mündlicher Weise dem Schüler vom Lehrer übermittelt, der sie dafür als geheiligte Mysterien bewachte. Das ist der Grund, warum unter den alten Völkern so viele geheime Gesellschaften entstanden, deren Gegenstand es war, durch verschiedene Arten von Selbstzucht und Übung bestimmte Kräfte zu entwickeln. Die Ägypter, Essener, Gnostiker, Manichäer, Neuplatoniker und die christlichen Mystiker des Mittelalters hatten alle ihre, geheimen Organisationen und einige von ihnen existieren noch, wie z. B. die Freimaurerloge. Keines von den Mitgliedern dieser Gesellschaften verriet ihre geheimen Instruktionen, noch schrieben sie irgendwelche Bücher, die eine logische oder wissenschaftliche Erklärung ihrer Übungen zum Gegenstande hatte. Während es einige unter ihnen gab, die in der Erlangung höherer Kräfte weit vorgeschritten waren, so wurden doch die daraus entsprungenen Offenbarungen niemals von den westlichen Nationen verstanden, noch wurden sie je in ein wissenschaftliches System eingereiht.

Im alten Indien dagegen, wo es keine Gefahr der Verfolgung gab, lag die Sache ganz und gar verschieden, Jeder Hindu war als einen Teil seiner religiösen Pflicht genötigt, durch tägliche Praxis gewisse Kräfte zu entwickeln und sich zu bestreben, die Verwirklichung höherer Wahrheiten zu erlangen. Auf der Straße, auf dem Markt, am Hofe und auf dem Schlachtfeld gab es viele, die nicht nur solche Verwirklichungen erreicht hatten, sondern die auch ihre Erfahrungen in Klassen eingeteilt hatten und die Gesetze entdeckten, die unsere höhere Natur beherrschen, worauf dann allmählich die tiefe Wissenschaft des Yoga errichtet wurde.

So sehen wir, dass diese Wissenschaft, wie alle andern auf Erfahrung basierte, während die darin angewandte Methode dieselbe war, die die moderne Wissenschaft bei allen ihren Entdeckungen der Naturgesetze gebraucht — die Methode des Beobachtens und Experimentierens. Diese Methode wird im Westen als einzig moderne Neuerung betrachtet —, aber tatsächlich wurde sie schon in Indien seit den ältesten Zeiten von den »Rischis« oder Wahrheitssehern angewendet. Durch den Prozess strenger Beobachtung und beständigen Experimentierens entdeckten sie die feineren Naturkräfte sowie auch die Gesetze, die unser körperliches, seelisches und geistiges Wesen regieren. Die Wahrheiten, die sie so durch ihre eigene Erfahrung gewannen, schrieben sie nieder, predigten sie der Öffentlichkeit und übertrugen sie ihren Schülern. Ehe sie jedoch etwas über die Natur der Seele oder Gott behaupteten, hatten sie es vorher bewahrheitet. Ehe sie von einem Schüler verlangten, etwas auszuüben, hatten sie es selbst ausgeübt und endgültige Resultate aus der Übung gewonnen. Auf diese Weise erstanden in Indien verschiedene Systeme von Wissenschaft, Philosophie, Psychologie, Metaphysik und Religion, die beides: spekulativ und praktisch waren und unter dem allgemeinen Namen »Arische Religion« niedergelegt wurden. Der Ausdruck »Religion« sollte alle umfassen, denn zu keiner Epoche war in Indien die Religion von diesen verschiedenen Wissenszweigen getrennt; und die Methoden, durch die diese wissenschaftlichen Wahrheiten im täglichen Leben eines Individuums zwecks seiner geistigen Entwicklung angewendet wurden, hießen in der gewöhnlichen Redeweise »Yoga«.

»Yogg« ist ein Sanskritwort und wird gewöhnlich gebraucht, um die praktische Seite der Religion zu bezeichnen, und die erste Bedeutung des steten Gebrauches für den es steht, ist den Gesetzen unserer moralischen und physischen Natur besonderen Gehorsam zu verschaffen, wovon die Erlangung vollkommener Gesundheit und geistiger Vervollkommenheit abhängt. In westlichen Ländern ist das Wort höchlichst missverstanden worden und von vielen Schriftstellern geradezu missbraucht, die es im Sinne von »Gaukeln«, »Hypnotismus«, »Trick« oder Betrug angewendet haben. So oft die Leute das Wort [Yogi] hören, das jemand bezeichnet, der Yoga ausübt, denken sie an eine Art Gaukler oder Scharlatan und identifizieren ihn mit einem Fakir oder einem, der schwarze Magie betreibt. Die Schüler der Theosophie sind mehr oder weniger wegen Missbrauch dieses Wortes verantwortlich; wer jedoch die heiligen Bücher Indiens, wie z. B. die Bhagavad Gita oder himmlischen Gesang (wie ihn Sir Edwin Arnold in seiner Übersetzung nennt) gelesen hat, wird sich erinnern, dass jeder Abschnitt dieses himmlischen Liedes einer Art »Yogg« oder Methode die ewige Wahrheit und das höchste Wissen zu erreichen, geweiht ist; und dass ein »Yogi« ein Mensch ist, der durch verschiedene Übungen das höchste Ideal der Religion erreicht. Dieses höchste Ideal ist nach der Bhagavad Gita die Vereinigung der individuellen Seele mit dem Universalgeist.

Hindu-Schriftsteller haben jedoch das Wort ‚Yogg' in noch anderem Sinne aufgefasst und gebraucht. Ich will einige Bedeutungen davon erwähnen, um Ihnen einige Vorstellung von der Tragweite dieses Ausdruckes zu geben. »*Erstens* bedeutet »Yoga« die Vereinigung zweier äußerer Gegenstände. *Zweitens* die Vermischung eines Dinges mit einem anderen. *Drittens* die Innenverhältnisse der Ursachen, die einen gewöhnlichen Effekt hervorbringen. *Viertens* die Ausrüstung eines Soldaten oder irgendeiner anderen Berufsperson. *Fünftens* der Fleiß, die Unterscheidung und die Vernunftgründe, die zum Entdecken einer gewissen Wahrheit nötig sind. *Sechstens* die Kraft des Klanges, die eine ihm spezifische Idee vermitteln lässt. *Siebentens* die Erhaltung dessen, was man besitzt. *Achtens* die Transformation eines Dinges in ein anderes. *Neuntens* die Vereinigung einer Seele mit einer anderen oder mit dem Universalgeist. *Zehntens* das Fließen eines Gedankenstromes zu einem Gegenstand. *Elftens* das Zurückbehalten aller Gedankentätigkeit durch innere Sammlung und Versenkung. — So sehen wir, wie viele verschiedene Zweige der Kunst, Wissenschaft, Psychologie, Philosophie und Religion in den verschiedenen Definitionen dieses einen Wortes liegen. Es scheint in der Tat nach seinem Zweck und Rang alle Abteilungen der Natur in sich aufzunehmen. Wenn wir indessen die buchstäbliche Bedeutung des Wortes betrachten, werden wir leicht verstehen, weshalb es so allumfassend ist.

Es wird von der Sanskritwurzel »Yuy« abgeleitet, das »anschließen« bedeutet. Das englische Wort »yoke« (Joch) stammt auch von derselben Wurzel. Das Zeitwort »Yuj« bedeutet sich mit jemand verbinden oder in irgendeiner Sache aufgehen. Die erforderliche Anstrengung ist geistig oder physisch, je nach dem in Aussicht gestellten Objekt. Wenn der Gegenstand die Erlangung vollkommener Gesundheit oder Langlebigkeit ist, dann wird die Anstrengung des Gemütes und Körpers, um das durch gewisse Übungen zu erreichen, »Yoga« genannt. Dasselbe Wort wird ebenfalls angewendet, um die geistige Trainierung anzuzeigen, die für die Erlangung der Selbstbeherrschung, der Vereinigung der Einzelseele mit GOTT, der göttlichen Gemeinschaft oder spirituellen Vollkommenheit notwendig ist. In Indien sind schon Bände auf Bände geschrieben worden, die die verschiedenen Zweige und Methoden dieser gesammelten Wissenschaft des »Yoga« behandelten, und die mannigfaltigen Ideale können durch seine Praxis erreicht werden; auch hat man in Betracht gezogen, welche Bedingungen einem Anhänger angemessen erscheinen um irgendeine dieser Methoden zu ergreifen, welche Stadien er zu durchlaufen hat, um das Ziel zu erreichen und wie man sie überschreitet.

Geduld und Ausdauer sind absolut notwendig für jeden, der den Pfad des Yoga zu betreten wünscht; die, die nicht geduldig sind, dürfen nicht hoffen, die wahre Verwirklichung zu finden. Ferner die, die ihn aus Neugier oder aus einem Impuls momentaner Begeisterung betreten, dürfen keine Resultate erwarten und den Leser für ihre Misserfolge nicht tadeln, da der Fehler gänzlich auf ihrer Seite ist. Dieselben Lehren werden, sobald sie mit Verständnis und im rechten Geiste aufgenommen wurden, wunderbare Erfolge bringen. Sie werden jedoch nur zu dem Schüler kommen, der unbedingt den Anweisungen eines bedeutenden Meisters folgt, der ihn in der Praxis der geistigen und physischen Übungen unterrichten wird.

Die Bewerber des Yoga-Studiums können in drei Klassen eingeteilt werden: *Erstens* die, die geborene Yogis sind. Es gibt einige, die, nachdem sie in einer vorigen Inkarnation Yoga geübt haben, hierher als erwachte Seelen kommen und als solche von ihrer frühesten Kindheit staunenswerte Kräfte offenbaren. Ihre natürliche Neigung ist in ein reines Leben zu führen, denn rechtes Leben und rechtes Denken sind ihr einziges Interesse, und sie besitzen wunderbare Kraft der Selbstbeherrschung und Konzentration. Sinnesfreuden und die Dinge, die das gewöhnliche Gemüt bezaubern, haben für sie keinen Reiz. Selbst wenn sie von allen Bequemlichkeiten des Lebens umgeben sind und jede materielle Quelle zu ihrer Verfügung steht, so fühlen sie sich doch wie Fremde in einem fremden Land. Es gibt einige, die den geistigen Zustand jener Charaktere richtig verstehen können. Ärzte mögen zu ihnen gebracht werden, aber ärztliche Behandlung kann ihnen nur schaden. Der Verfasser kennt Fälle, wo auf diese Weise Schaden verursacht worden ist. Jedoch, durch das Gesetz der Anziehung sind sie gebunden, früher oder später in die Gesellschaft eines Yogis gezogen zu werden. Hier finden sie genau das, nach dem ihre innere Natur gegraben hat und fühlen sich sogleich glücklich und zu Hause. Die Unterweisungen des Yogi sagen ihrem Gemüte zu; sie beginnen die Yoga-Praxis unter seiner Leitung, und da sie ihnen leicht und natürlich erscheint, so machen sie bald außergewöhnliche Fortschritte. So nehmen sie von Jugend an den Faden gerade dort auf, wo sie ihn in ihrer letzten Existenz gelassen hatten; und durch den festen Entschluss, alle Hindernisse auf ihrem Wege zu überwinden, machen sie schnelle Fortschritte und gelangen allmählich zu dem höchsten Ideal geistigen Lebens. Nichts in der Welt kann sie auf ihrem inneren Weg zurückhalten, so stark und intensiv ist ihr Drang nach Verwirklichung.

Die *zweite* Klasse umfasst die, die als halberwachte Seelen geboren werden. Durch die Notwendigkeit weiterer Erfahrungen gehen sie auf verschiedenen Wegen, ohne den richtigen zu finden. Sie nehmen jeden Schritt versuchsweise und bei diesem beständigen Experimentieren, vergeuden sie ein großes Teil Energie und eine große Hälfte ihres Lebens. Wenn solche zum Teil erwachte Seelen einer Neigung nachgehen, die sie sich in ihrem früheren Dasein erworben haben und das Glück haben, mit einem Yogi in Berührung zu kommen, und die Yoga-Praxis aufnehmen, so können sie durch Ausdauer und Ernst sich viel in diesem Leben erwerben, obgleich sie notwendigerweise viel langsamer auf dem Pfad der Spiritualität vorwärts schreiten als die, die zur ersten Klasse gehören.

In der *dritten* Klasse werden alle die unerwachten Seelen gefunden, die ihre Suche nach Wahrheit zum ersten Mal in ihrem Leben beginnen. Schon von Kindheit an werden sie von den Sinnesgegenständen und sinnlichen Vergnügungen unwiderstehlich angezogen, und wenn sie die Yoga-Praxis aufnehmen, finden sie große Schwierigkeiten ihren Lehren zu folgen und begegnen vielen Hindernissen auf ihrem Wege. Ihre Umgebung ist für die Ausübung nicht günstig, und selbst wenn sie es versuchen, können sie sie nicht leicht bewältigen. Ihre Gesundheit ist nicht fest, und sie leiden an verschiedenen Arten von Krankheit und geistiger Störung. Sie ermangeln des Entschlusses, finden es fast unmöglich, ihre Sinne zu beherrschen und müssen hart kämpfen, um ihre Lebensweise den neuen Anforderungen anzupassen. Mit so vielen kämpfend, erlangen sie naturgemäß sogar nach langer Übung nur kleine Erfolge. Wenn jedoch solche Personen ihren Willen durch eine langsame und regelmäßige Übung von Hatha-Yoga stärken und tapfer dabei die Hindernisse auf ihrem Wege durch Praxis der Atemübungen überwinden können, indem sie der Anleitung eines kompetenten Lehrers folgen, der sie versteht, so werden sie imstande sein, in diesem Leben ihre körperliche Gesundheit in großem Maße zu beherrschen und einen gewissen Grad von Yogakraft erwerben. Hatha-Yoga ist speziell für diese Klasse von Nutzen. Durch die Praxis der Atemübungen werden sie nach und nach Kontrolle über ihren Körper gewinnen und im Laufe der Zeit für das Studium von

Raja-Yoga vorbereitet sein, das die latenten Seelenkräfte in ihnen zur Entfaltung bringen wird.

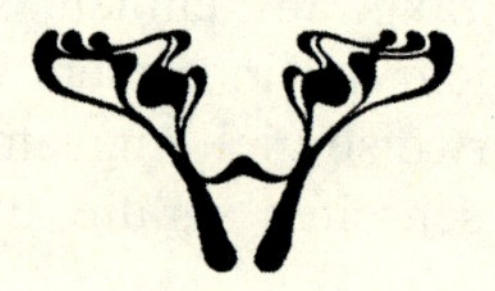

# HATHA-YOGA

## VON SVAMI ABHEDANANDA

### FREI ÜBERSETZT VON GABRIELLA FRANCHETTI

Hatha-Yoga ist der Zweig der Yoga-Wissenschaft, der lehrt, wie man Hunger, Durst und Schlaf beherrschen kann; wie man vollkommene Gesundheit erlangt und Krankheiten ohne Medizin heilt; wie man dem unzeitlichen Verfall des Körpers, der eine Folge des Verlustes der Lebenskraft ist, Einhalt gebieten kann und die Jugend bis zum Alter von 100 Jahren erhält, ohne ein einziges graues Haar zu haben, kurz, wie man imstande ist, das körperliche Leben auf unbegrenzte Perioden zu verlängern. Ein jeder, der es ausübt, wird im Laufe der Zeit wunderbare Kräfte erhalten, Kräfte, die in der Tat einen Psychologen oder Anatomen verblüffen müssen.

Vor einigen Jahren brachte man einen Hatha-Yogi nach England. Obgleich er in der Mitte des Lebens stand, sah er aus wie ein Knabe von 18 Jahren. Nicht nur sein physischer Zustand war vollkommen gesund, er hatte auch durch Übung 84 Stellungen seines Körpers bemeistert. Er konnte seine Glieder auf solch erstaunliche Weise verrenken, dass es schien, als wären seine Gelenke unbefestigt, während seine Knochen wie aus einer elastischen Substanz gemacht erschienen. Man brachte ein Skelett und versuchte, dessen Knochen in dieselben Stellungen zu versetzen, was aber nicht gelang, ohne sie zu zerbrechen. Darauf kam man zu dem Entschluss, dass, wenn die Knochen von Natur in dieser Lage wären, die Glieder für jede Arbeit untauglich seien. Doch das Beispiel des Yogis widersprach offenkundig den Berechnungen der englischen Ärzte. Seine Glieder waren stark, und er konnte sie in jeder Richtung hin gebrauchen. Er hob schwere Gewichte vom Boden auf und trug sie mit absoluter Leichtigkeit umher. Schreiber dieses sah ihn in Indien und noch andere Hatha-Yogis, die gleiche wunderbare Tatsachen vollbringen konnten.

Der erste Gegenstand dieser verschiedenen in Hatha- Yogis beschriebenen Stellungen, ist die Herrschaft über die ungefügigen Muskeln des Körpers zu erlangen, was dem gewöhnlichen Menschen unmöglich ist. Wir alle besitzen diese Kraft latent in uns, doch die Hatha-Yogis waren die ersten, die eine wissenschaftliche Methode entdeckten, durch die sie entwickelt werden konnte.

Alle Hatha-Yogis essen sehr wenig, doch können sie sich tage-, ja monatelang jeder Nahrung enthalten, und es gelingt ihnen, den Schlaf zu unterdrücken. Der Autor kannte einen, der 12 Jahre lang nicht geschlafen hatte und nichtsdestoweniger in vollkommener Gesundheit war. Er sah auch einen Hatha-Yogi, der am Tage nur ein Stück Brot aß und sich weigerte, im kältesten Winter warme Kleidung zu tragen, der freiwillig als Straßenarbeiter schwere Arbeit verrichtete ohne das geringste Zeichen von Ermüdung. Das mag der Mehrzahl der Menschen unglaublich erscheinen, die sich selbst zu Sklaven des Essens und Schlafens gemacht haben, die sich vorstellen: sie könnten nicht leben, wenn sie nicht 8—9 Stunden von den 24 schlafen und Massen von Fleisch essen. Die Hatha-Yogis sind die lebendigen Widersprüche solcher Meinungen. Vielleicht ist der Leser mit der Erzählung des Yogi vertraut, der 40 Tage lang in einem hermetisch verschlossenen Kasten unter Aufsicht englischer Offiziere lebendig begraben war, die Tag und Nacht die Stelle bewachten. Während dieser 40 Tage konnte der Yogi weder essen, schlafen noch atmen und wurde doch zur Verwunderung aller zum Bewusstsein zurückgebracht, ohne irgendwelche schädliche Rückwirkung und lebte noch viele Jahre.

Darauf können dieselben Yogis, die lange Zeit weder essen, trinken, noch schlafen, wenn sie es wollen, soviel essen, wie 10 Personen zusammen, ohne eine unangenehme Folge davon zu spüren. Natürlich essen sie niemals irgendeine Art Fleisch. Sie behaupten, dass sie sozusagen durch ein drittes Auge sehen können, was in ihren inneren Organen vorgeht. Warum sollte uns das unglaublich erscheinen, seitdem die Röntgenstrahlen bewiesen haben, dass alles transparent ist?

Einige Hatha-Yogis haben ein außergewöhnliches Augenlicht. Sie können nicht nur Gegenstände aus einer großen Entfernung bemerken, sondern sie sehen klar in vollständiger Finsternis und sind sogar fähig, eine Nadel vom Boden aufzufinden ohne den geringsten Schimmer eines gewöhnlichen Lichtes, das sie führt. Das erscheint nicht so seltsam, wenn wir bedenken, dass es ein unsichtbares Licht in der Atmosphäre eines ganz dunklen Zimmers gibt. Wenn wir lernen können, dieses atmosphärische Licht, das unserem gewöhnlichen Auge verborgen ist, zu gebrauchen und unsere Augen zu entwickeln, so ist kein Grund vorhanden, weshalb wir nicht die Dinge in der Dunkelheit sehen können. Die Yogis verstehen das und kennen die Methode, durch die die Augenkraft entwickelt werden kann. Was das Unterscheiden der Gegenstände bei großer Entfernung anbetrifft, ist das nicht so schwer zu glauben, da man weiß, dass lebende Personen, die keine Yogis sind, die Monde des Jupiters ohne die Hilfe eines Instruments wahrnehmen können.

Dieser optische Wissenszweig wird im Sanskrit »Trataka-Yoga« genannt. Es lehrt unter anderem, wie man, indem man einen Gegenstand fixiert und gleichzeitig gewisse spezielle Atemübungen verrichtet, viele optische Krankheiten heilen und das Augenlicht stärken kann. Die authentischen Zeugnisse der Yogis stehen für die Tatsache, dass, sobald sie ordentlich unter Leitung eines tüchtigen Hatha-Yogi-Lehrers ausgeübt werden, viele wohltätige Wirkungen erzielen.

Ein in dieser optischen Wissenschaft erfahrener Yogi kann eine andere Person mit seiner Augenmacht bezaubern und verwirren. Der Prozess des Hypnotismus oder Mesmerismus bewahrheitet diese Behauptung.

Ebenso kann ein Yogi die Gedanken anderer lesen, wenn er in ihre Augen blickt, denn nach dem Yogi ist das Auge der Spiegel der Seele. Hier kann man fragen, woher die Yogis diese Kräfte erlangen; sie erhalten sie nicht von außen. Diese Kräfte schlummern in jedem Individuum und werden durch die Praxis von den Yogis entdeckt. Sie sagen: »Was immer in dem Universum (dem Makrokosmos) existiert, existiert auch im menschlichen Körper (Mikrokosmos).« Das bedeutet, die feineren Kräfte existieren potenziell in unserem eigenen Organismus, und wenn wir unsere Natur sorgfältig studieren, werden wir imstande sein, alle die Kräfte und Gesetze zu erkennen, die das Universum beherrschen.

Hatha-Yoga lehrt ferner die Heilung von Krankheiten vermittelst der Atemübungen sowie die Regulierung der Diät und der allgemeinen Gewohnheiten des täglichen Lebens. Aber es behauptet nicht, dass physische Gesundheit dasselbe sei wie Geistigkeit. Im Gegenteil, es sagt uns, dass, wenn ein gesunder Körper ein Zeichen von Spiritualität sei, wilde Tiere und Menschen, die sich einer ungetrübten Gesundheit erfreuen, außerordentlich geistig sein müssten, doch sind sie es nicht, wie wir wissen. Die Hauptidee dieser Yogis ist, dass körperliche Krankheiten ein Hindernis auf dem Pfade spirituellen Fortschrittes sind, während ein gesunder Körper eine der günstigsten Bedingungen für die Verwirklichung der höchsten geistigen Wahrheiten in diesem Leben liefert. Daher sollten die, die keine gute Gesundheit besitzen, anfangen, Hatha-Yoga praktisch zu betreiben.

In der Ausübung von Hatha-Yoga müssen strenge diätetische Regeln beobachtet werden. Alles, was scharf, sauer, beißend oder heiß ist, wie Senf, Liköre, Fisch, animalisches Fleisch, saure Milch, Buttermilch, Ölkuchen, Karotten, Zwiebeln und Knoblauch sollten nicht gegessen werden. Ebenso alte und aufgewärmte Speisen müssen vermieden werden;

desgleichen der übermäßige Gebrauch von Salz und Bitterhaltigem und allem, was schwer verdaulich ist. Reis, Gerste, Cerealien, Milch. Zucker, Honig und Butter sind für die Hatha-Yoga-Diät gut. Die Art und Weise, in der Europäer und Amerikaner in Hotels und Boardinghäusern leben, wo die Nahrung oft unrein ist, ist weit davon entfernt, dieser Ausübung günstig zu sein. Speisen, die in einem Restaurant für hunderte von Leuten gekocht werden, können nicht gleich gut für alle sein und leicht Krankheit verursachen. Die, die sich einer vollkommenen Gesundheit erfreuen möchten, müssen vorsichtig damit sein, was sie essen, auch müssen sie alle hygienischen Gesetze betreffs Reinlichkeit des Körpers, frischer Luft und klaren Wassers beobachten. Sie sollten nicht in überheizten Zimmern wohnen, noch sollten sie künstliche Reizmittel, besonders Bier, Wein und Kaffee begünstigen. Die Sitte des übermäßigen Kaffeetrinkens ist eine ernste Bedrohung des amerikanischen Volkes. Viele leiden schon unter Nervenüberreizung, als Resultat ihrer Nachgiebigkeit in dieser Richtung, und es gibt sehr wenige Fälle, in denen das Nervensystem nicht in einiger Ausdehnung davon angegriffen wird.

Wer Hatha-Yoga betreiben will, sollte vor allem einen Hatha-Yoga-Lehrer finden, der seinen physischen Körper vollständig beherrscht; hat er ihn gefunden, so sollte er ein Leben in strenger Übereinstimmung mit dessen Anweisungen führen. Er sollte in einem abseits gelegenen Orte wohnen, wo der Wechsel der Witterung weder plötzlich noch extrem ist. Er sollte ein strenger Vegetarier sein und von aller Art Getränken absehen, die das Nervensystem anregen. Niemals sollte er seinen Magen mit einer Menge Essen beschweren, sondern die moralischen Gesetze beobachten und vollständige Mäßigung erlernen. Er sollte seine Sinne unterdrücken, den Körper rein halten und sein Gemüt läutern, indem er Gefühle der Liebe und Güte gegen alle lebenden Geschöpfe erweckt.

Der Anfänger kann nach und nach die verschiedenen Stellungen des Körpers und der (Mieder beherrschen lernen. Diese Stellungen heißen im Sanskrit Asana. Im Ganzen gibt es deren 84, die in der Hatha-Yoga-Wissenschaft beschrieben werden. Jede von diesen entwickelt, mit speziellen Atemübungen verbunden, gewisse im Nervenzentrum und in den verschiedenen Organen des Systems schlummernde Kräfte. Ein anderer Grund, Asana auszuüben, ist das Tarnas-Element zu beseitigen, das die Schwere des Körpers verursacht, um das System von den Einwirkungen der Kälte, Katarrh, Phlegma, Rheumatismus und vieler anderer Krankheiten zu befreien. Einige der Übungen vermehren die Tätigkeit des Magens und der Leber, während andere die Tätigkeit der übrigen Organe regeln. Zittern des Körpers und Ruhelosigkeit der Glieder, die häufigen Hindernisse auf dem Wege zur Gemütsbeherrschung werden leicht durch die Übung, der Asanas beseitigt.

Der Leser kann eine Idee des »Asana« aus folgenden Beschreibungen bekommen:

1. Sitze mit gekreuzten Beinen auf dem Boden, setze den linken Fuß auf den rechten Schenkel und den rechten Fuß auf den linken Schenkel, indem du den Körper, Nacken und Kopf in einer geraden Linie hältst.

2. Nachdem du dich in diese Stellung gesetzt hast, halte die rechte große Zehe mit der rechten Hand und die linke große Zehe mit der linken Hand (die Hände müssen von hinten kommen und sich kreuzen).

3. Sitze, wie in Nr. 1, indem du die Hände zwischen Schenkel und Waden einsetzest und die Handflächen fest auf den Boden stellst, hebe den Körper über den Sitz empor.

4. Sitze gerade auf einem ebenen Platze und zwänge die beiden Fußsohlen fest zwischen Schenkel und Waden

5. Auf der Erde sitzend, strecke die Füße gerade aus, halte die großen Zehen mit den Händen, ohne die Knie zu beugen.

6. Wenn du diese Stellung eingenommen hast, berühre die Knie mit der Stirn. Dieses Asana erregt das gastrische Feuer, macht die Lenden mager und entfernt viele Krankhei-

ten.

7. Fasse die Zehen wie in Stellung 5, halte einen Arm ausgestreckt und mit dem anderen ziehe die Zehe an dein Ohr, wie wenn du einen Bogen spannen würdest.

8. Setze die Hände fest auf den Boden und trage das Gewicht des Körpers auf den Ellenbogen, indem du sie gegen die Seiten der Lenden drückst. Dann erhebe die Füße vom Boden und halte sie steif und gerade waagrecht mit dem Kopfe.

Dieses Asana heilt nach der Hatha-Yoga-Methode Magen-, Leber- und Milzkrankheiten und alle Unordnung, die durch Exzess von Wind, Kolik oder Phlegma herrühren. Es fördert auch die Verdauung.

9. Liege längs hingestreckt wie ein Leichnam und halte Kopf und Körper in waagrechter Richtung. Dieses Asana entfernt Müdigkeit, gibt Ruhe und besänftigt das Gemüt.

Der Hatha-Yoga Studierende kann, nachdem er einige dieser Übungen bewältigt hat, zu den Atemübungen übergehen. Er sollte die Atemwissenschaft in allen ihren Richtungen studieren. Stellung Nr. 1 ist die beste und leichteste der Asanas für den, der den Atem zu beherrschen wünscht. Es begünstigt eine ruhige Zirkulation und langsame Ausatmung.

Zuerst sollte der Anfänger Tiefatmen durch beide Nasenlöcher üben, indem er sich an ein bestimmtes Zeitmaß für Ein- und Ausatmung hält. Allmählich sollte er von seinem Lehrer angehalten werden, den Atem inne zu halten und ausströmen zu lassen. Wenn er das einige Wochen lang getan hat, kann er zunächst abwechselnde Übungen aufnehmen. Er kann durch das linke Nasenloch 4 Sekunden einatmen und durch das rechte 4 Sekunden ausatmen; dann entgegengesetzt durch das rechte einatmen und durch das linke ausatmen. Die wechselnden Atemübungen werden die Nerven säubern und den Schüler zu höheren Übungen befähigen. Er sollte darauf durch das eine Nasenloch 4 Sekunden atmen, den Luftstrom 16 Sekunden anhalten und durch das andere Nasenloch während 16 Sekunden ausatmen. Diese Übung wird, wenn 3 Monate lang regelmäßig betrieben, neue Nervenzellen erzeugen und die Heilkraft, die in diesem System schlummert, entwickeln.

Der Yogi, der organische Störungen und Krankheiten irgendwelcher Art heilen will, sollte die höheren Atemübungen mit den verschiedenen Stellungen, die direkt mit dem gestörten Organ in Beziehung stehen, verbinden. Er sollte die Heilkraft, die in der Basis des Rückgrats aufgespeichert wird, auf den erkrankten Teil hinlenken.

Hatha-Yoga beschreibt verschiedene Methoden, um die inneren Organe zu reinigen. Einige von ihnen sind außerordentlich wohltuend für solche, die an chronischen Kopfschmerzen, Kälte am Kopfe, Katarrh, Verstopfung oder Schlafsucht leiden.

Der Hatha-Yogi reinigt den Verdauungskanal, indem er ein 3 Zoll breites, langes Stück feinen Mouselin verschlingt. Er entfernt die Unreinlichkeiten des Innern, indem er Wasser durch die Öffnung des unteren Endes des Verdauungskanals einzieht. Das tut er mit Hilfe von Atemübungen, ohne ein Instrument zu gebrauchen. Dann, das Wasser durch wechselnde Übungen schüttelnd, lässt er es durch denselben Gang wieder heraus. Ein erfahrener Yogi kann den ganzen Verdauungskanal waschen, indem er eine große Quantität Wasser trinkt und es durch die Öffnung der unteren Extremitäten gehen lässt. Dadurch wird er frei von Magen- und inneren Störungen. Diese Übungen seien hauptsächlich denen empfohlen, die fett, phlegmatisch oder korpulent sind. Er heilt Schläfrigkeit, indem er die Stellung Nr. 9 einnimmt und gleichzeitig einige tiefe Atemzüge tut und sie nach der Einatmung anhält. — Ein Hatha-Yogi kann seine Zunge verschlucken. Es heißt, dass der, der seine aufgerollte Zunge verschlucken kann, von Alter und Tod befreit ist, den Schlaf, Hunger und Durst beherrscht und sich über die Zeit erhebt. Die Kräfte eines vollkommenen Hatha-Yogi sind in der Tat wunderbar. Alles kann er tun und lassen, wie es ihm beliebt. Er ist der Herr aller physischen Gesetze.

So sehen wir, dass vollkommene Gesundheit und langes Leben die unmittelbaren Erfolge der Hatha-Yoga-Praxis sind. Dem echten Wahrheitssucher gelten sie indes wenig, ausgenommen sie werden ein Mittel, die überbewusste Verwirklichung, herbeizuführen. Nach seiner Ansicht ist ein Mensch, der 500 Jahre lebt und in dieser Zeit das Gottesbewusstsein nicht erreicht hat, wenig mehr als ein Eichbaum, der viele Generationen überdauert, einen großen Umfang erreicht, aber am Ende doch nur ein Eichbaum bleibt. Hingegen der Mensch, der mit 30 Jahren seine Einheit mit Gott verwirklicht hat, unendlich mehr erreicht hat als der, dem vollkommene Gesundheit, langes Leben, physische Kräfte oder die Gabe des Heilens zur Verfügung stehen; denn er ist ein lebender Gott in dieser Welt und kann den Weg des Heiles der ganzen Menschheit zeigen. Daher sollte die Praxis von Hatha-Yoga nur so weit ausgeübt werden, als es dem ernsten nach Wahrheit Suchenden nicht gelingt, auch Raja-Yoga zu erreichen, das allein die Seele dem Gottesbewusstsein und der vollkommenen Freiheit entgegenführt.

# RÂJA-YOGA

## VON SVAMI ABHEDANANADA

### FREI ÜBERSETZT VON GABRIELLA FRANCHETTI

Wie wir schon gesehen haben, ist Hatha-Yoga gänzlich der Beherrschung körperlicher Funktionen gewidmet, da sein Ideal eine gesunde Konstitution bildet, die gut geeignet ist, die physischen und in demselben Umkreis liegenden Zustände zu beseitigen, die als Hindernisse auf dem Pfad spirituellen Fortschritts stehen. — Râja-Yoga behandelt im Gegenteil nur das Gemüt und die psychischen Kräfte und kann die Wissenschaft der gesamten Psychologie genannt werden. Sein Ziel ist es, alle geistigen Hindernisse aus dem Wege zu räumen, um ein vollkommen beherrschtes und gesundes Gemüt zu erlangen. Der Hauptzweck seiner Übungen ist es, den Willen zu stärken, als auch die Kraft der Konzentration zu entwickeln, um den Wahrheitsliebenden durch den Pfad der Konzentration und Meditation zum letzten Ziel aller Religionen zu führen.

Dieser Pfad wird Râja-Yoga oder die königliche Methode genannt (Râja bedeutet König), denn die Mächte der Konzentration und Willenskraft sind nicht nur größer als jede andere physische Kraft, sondern sie tragen wesentlich zur Erlangung aller anderen Kräfte bei. Der Mensch, der ein starkes Gemüt besitzt, das von einem, gut entwickelten Willen kontrolliert wird und eine starke Gabe der Konzentration hat, kann leicht der Herrscher der physischen Natur werden und in kurzer Zeit die Verwirklichung der Wahrheit erreichen. Es ist das spezielle Verdienst Râja-Yogas, zu lehren wie das ermöglicht werden kann. Sein Studium wurde von allen denen befürwortet, die mit den Râja-Yogis von Indien, entweder in alten oder modernen Zeiten, zusammengekommen sind. Es wurde von Pythagoras, Plato und den Neu-Platonikern wie Plotinus und Proclus sowie von den Gnostikern und christlichen Mystikern des Mittelalters gepriesen. Sogar heute wird es noch in einigem Maße von den römisch-katholischen Mönchen und Nonnen der höheren Orden ausgeübt. Spinoza, Kant, Schopenhauer und Ralph Waldo Emerson sprachen mit Bewunderung davon, indem sie als seinen Gegenstand die Entschleierung der Mystischen Natur der menschlichen Seele und die Entfaltung der schlummernden Kräfte, die in jedem Individuum existieren, schilderten. Es ist durch das lebende Beispiel der Yogis bewiesen worden, dass durch Übung jene Kraft erlangt wird, durch die alle anderen Kräfte des Universums beherrscht werden können, und Râja-Yoga behauptet, dass, wer immer die Herrschaft über sein Gemüt erlangt hat, allen Erscheinungen des Universums gebieten kann. Es lehrt, dass das Gemüt, die beherrschende Macht des Universums ist und dass, wenn seine Kräfte richtig auf irgendein besonderes Ding konzentriert sind, die wahre Natur jener Dinge enthüllt werden wird. Anstatt eines Instrumentes können wir, wenn wir die geistigen Kräfte, die wir schon besitzen, gebrauchen und sie absolut auf einen Punkt richten, leicht alle Einzelheiten wissen, die sich auf den betreffenden Gegenstand beziehen, zu dem sie hingerichtet sind. Das konzentrierte Gemüt des Yogis kann mit einem Brennglas verglichen werden. Indem er die zusammenströmenden Strahlungen seines Gemütes auf ein entferntes Ding, sei es grob oder subtil, wirft, wird ihm die Kenntnis aller Details dieses Objektes bekannt und gleichsam beleuchtet. Die Sehkraft gewöhnlicher Personen ist nicht so durchdringend, weil ihre Gemütskräfte zerstreut sind, gleich den gebrochenen Strahlen eines gewöhnlichen leichtes. Ebenso kann das Gemüt auf innere Gegenstände oder auf geistige, im Bereich des Weltalls liegende Wahrheiten konzentriert werden, wodurch dann die vollkommene Erkenntnis jener Dinge erlangt werden kann.

So wird es uns klar, dass Konzentrationskraft die sinnliche Kraft, oder das, was mit Hilfe von Instrumenten erlangt wird, übersteigt. Wenn wir sie entwickeln können, indem wir unsere geistigen Fähigkeiten kontrollieren, das Gemüt durchdringend machen und alle Zerstreuungen, die es nach außen ziehen, zurückweisen, unsere gesammelte geistige Energie auf unser höheres Selbst richten, dann wird uns die wahre Natur unseres individuellen Egos offenbart sein, und wir werden erkennen, dass unser unwandelbares Selbst die Seele von allem und gleichzeitig die höchste Wahrheit des Universums ist. Wir werden dann bemerken, dass das göttliche Wesen, das wir aus Unkenntnis als getrennt von uns anbeten, nicht fern von uns ist, nicht außerhalb von uns wohnt, sondern unser eigenes metaphysisches Ich ist, unser allmächtiges Selbst, das in uns lebt. Wir werden auch erkennen, dass derselbe Geist Einer und allwissend ist, dass er die absolute Wahrheit ist, die jeder Form aller phänomenalen Dinge zugrunde liegt. Diese Erkenntnis wird die Seele von den Banden der Unwissenheit befreien.

Râja-Yoga behauptet, dass die Außenwelt nur in Beziehung zur Innennatur eines jeden Individuums existiert. Was das Gemüt sich selbst ist, ist die phänomenale Welt der sinnlichen Wahrnehmung dem Gemüt. Das Äußere ist nur die Reflexion des Inneren. Das, was wir gewinnen, das, was wir erhalten, ist nur die Ähnlichkeit oder der Widerspruch dessen, was wir schon gegeben haben. Geistige Erscheinungen sind nur die Wirkungen der unsichtbaren Kräfte, die nicht durch die Sinne oder durch irgendein Instrument, das der menschliche Geist erfunden hat, entdeckt werden können. Wir mögen umsonst versuchen, diese feineren Kräfte durch das Medium unserer Sinnes-Wahrnehmung zu erkennen, aber wir werden niemals zu einem befriedigenden Resultat kommen. Ein Râja-Yogi versteht das und gibt daher den Instrumenten wenig Wert. Er hängt nicht von den Sinneskräften ab, sondern bemüht sich, alle Erkenntnis durch die Macht der inneren Sammlung zu erhalten. Die Râja-Yoga-Wissenschaft enthält die verschiedenen Stufen, die zum Ziele dieses Ideals führen. Wissenschaftlich und klar erklärt sie den Vorgang und die Methoden, durch die Konzentration entwickelt werden kann. Sie verlangt jedoch nicht von den Studenten etwas auf das Geratewohl anzunehmen oder ei was auf die Autorität der Schriften und Schriftsteller zu geben, sondern sie ersucht den Studierenden zu experimentieren, die Resultate zu erfahren und seine eigenen Schlüsse zu ziehen.

Es gibt nichts Geheimnisvolles in diesem System. Im Gegenteil, es verweist auf die Gesetze, die sogenannte Mysterien beherrschen und erklärt, unter welchen Bedingungen die Erscheinungen der Mysterien vor sich gehen. Es zeigt uns, dass, solange als die wahre Ursache eines Falles uns unbekannt ist, sie uns geheimnisvoll erscheint. So auf dem soliden Grunde von Vernunft und Logik stehend, enthüllt die Wissenschaft Râja-Yogas die Rätsel des Weltalls und leitet die individuelle Seele zur Erreichung des letzten Zieles aller Religionen. Ihre Prinzipien sind höchst moralisch und erhebend. Sie hilft dem Schüler, den wahren Zweck des Gebens zu verstehen und beschreibt den Weg, durch den er hier und dort erfüllt werden kann. Râja-Yoga sagt uns, dass wir nicht so viel daran denken sollen, was mit uns nach dem Tode geschehen wird, sondern, dass wir den besten Gebrauch von dem gegenwärtigen Leben machen sollen und die latenten Kräfte entfalten, die wir schon besitzen, während es uns immer wieder an die Tatsache erinnert, dass der in diesem Leben gemachte Fortschritt die Basis unseres zukünftigen ausmacht. Wenn, ehe wir sterben, wir gewisse Kräfte erlangen und. entwickeln, werden diese Kräfte nicht verloren gehen, sondern bei uns bleiben, wohin wir auch nach dem Tode gehen mögen, während äußere Besitztümer, wie man weiß, uns nicht bis ins Grab begleiten können. Die einzigen Dinge, die wir aus unserem Leben tragen können, sind unser Charakter, unsere Erfahrung und die Erkenntnis, die wir daraus gewonnen haben. Die sind unsere wahren Besitztümer; und sie sind es, die uns Râja-Yoga zu entwickeln helfen will, da sein Hauptgegenstand die Umbildung des Charakters bezweckt und so den Schüler zu der Erkenntnis der göttlichen Natur der Seele führen will. Die Methoden, die es lehrt, können ausgeübt werden, ohne in irgendeine geheime Organisation einzutreten, sondern, wenn man nur der Leitung eines wahren Râja-Yogis folgt, der rein und einfach ist, dessen Gemüt frei von Zweifel und unberührt von den Gegenständen des Sinnesplanes ist.

Die Ausübung Râja-Yogas wird in acht Stufen eingeteilt. Die vier ersten sind dieselben wie in Hatha-Yoga. Die erste und zweite Yama und Niyama, schließen alle ethischen Gesetze, die unsere moralische Natur regieren, in sich ein. Die strenge Beachtung dieser Gesetze ist für die Praxis der anderen Stufen unumgänglich notwendig. Ein Anfänger des Râja-Yoga sollte ein streng moralisches und reines Leben führen, sonst wird er auf diesem Pfad nicht vorwärts kommen, noch die höchste Wahrheit erreichen oder die in ihm wohnende Gottheit verwirklichen können. Ein Neophyt muss daran denken, dass Reinheit, Keuschheit und Moralität gerade die Edelsteine des Baues der Yoga-Wissenschaft sind. In den Geboten der ersten Stufe finden wir: Nicht-Töten, Nicht-Stehlen, Wahrhaftigkeit, Ausdauer, Vergebung, Charakterfestigkeit, Güte gegen alle lebenden Wesen, Einfachheit, rechtes Maß im Essen und Trinken und Reinlichkeit. Nicht-Töten muss in Gedanken, Worten und Tun sein, ebenso Wahrheitsliebe und Nicht-Stehlen. Der Charakter muss fest sein, denn der Schüler muss angesichts aller Widerstände ausharren, bis spirituelle Vollkommenheit erreicht ist. Er darf das Studium nicht als etwas Vorübergehendes auffassen, nur um seine momentane Neugier zu befriedigen, sondern er muss mit Geduld und Ausdauer fortfahren, bis das höchste Ziel verwirklicht ist.

Die 2. Stufe umfasst: Strenge gegen sich selbst, Duldsamkeit, Genügsamkeit, den Glauben an das höchste Wesen, Barmherzigkeit und Studium und Ergebung in den göttlichen Willen. Alle physischen Übungen, die nötig sind um den Körper in vollkommenem Zustand zu erhalten, werden auf der 3. Stufe gefunden. Gesundheit ist zur Erlangung höchsten

Wissens wesentlich. Die, die an Krankheiten leiden, können ihr Gemüt nicht sammeln und auf Wahrheiten richten, die auf. dem spirituellen Plane existieren, weil ihr Gemüt natürlicherweise auf den kranken Teil des Körpers hingelenkt wird.

Ein Anfänger, der einen gesunden Körper und ein im Gleichgewicht ruhendes Gemüt besitzt, kann irgendein Asana oder Körperhaltung wählen, in der er eine Zeitlang bequem sitzen kann, ohne Schmerzen in den Gliedern zu spüren. Beim Ausüben von Râja-Yoga indes, braucht man betreffs der Körperstellung nicht so genau zu sein. Der Schüler sollte nur Acht geben, dass das Rückgrat vollkommen gerade gehalten wird, während er in sitzender Stellung Atemübungen ausführt.

Prânayâma oder Atemübungen vervollständigen die 4. Stufe. Die Praxis bestimmter Atemübungen wird viele Hindernisse wie: Stumpfsinn, Faulheit und körperliche Schwäche beseitigen und dazu beitragen, die Herrschaft über die Sinne, sinnlichen Organe und die Nervenzentren zu befestigen, als auch dem rastlosen Gemüt Beruhigung bringen. Jeder, der solche Atemübungen regelmäßig betreibt, wird wunderbare Macht über Gemüt und Körper gewinnen. Wer unter Betrübnis, Angst, Nervosität und Schlaflosigkeit leidet, kann sogar in wenigen Tagen durch die Praxis bloßer Atemübungen ausgezeichnete Resultate erwarten. Die, die Atemwissenschaft studiert haben, wissen, was diese Resultate sind; aber der Hauptzweck des Prânayâma in Râja-Yoga ist, die Konzentrationskraft zu entwickeln.

Das Gemüt durchdringend zu machen wird auf der 5. Stufe gezeigt. Das wird Pratyâhâra genannt. Wenn wir das Gemüt von äußeren Dingen ablenken, es auf einen inneren Gegenstand richten und unter die Herrschaft des Willens bringen können, werden wir alles erfüllt haben, was auf dieser Stufe verlangt wird. Pratyâhâra ist die Vorbereitung zur Konzentration. Ehe der Schüler imstande ist, sich auf ein besonderes

Ding zu konzentrieren, muss er lernen seine zerstreuten geistigen Kräfte zu sammeln. Dieser Vorgang, die Kräfte des Gemütes zu sammeln und zu verhindern, dass sie auf äußere Gegenstände abschweifen, ist das, was die Yogis als Pratyâhâra bezeichnen.

Darauf folgt die Konzentration. Nachdem man durch die fünf Vorbereitungsstufen gegangen ist und danach die Konzentration aufnimmt, werden die erlangten Resultate außerordentlich sein. Aber die, die nicht die einleitenden Stufen erklommen haben, werden diese eine außerordentlich schwierig finden; denn der Grund muss zuerst gelegt werden, ehe gute Resultate erzielt werden können.

Meditation ist der 7. Schritt, und durch ihn gelangt man in den Samadhi oder den Zustand der Bewusstseinserweiterung, das die 8. und letzte Stufe ist. In diesem Zustand ist der 6. Sinn der feineren Wahrnehmung entwickelt, das geistige Auge geöffnet, und man erblickt das göttliche Wesen von Angesicht zu Angesicht. In ihm wird der Schüler verwirklichen, dass sein wahres Selbst Eins mit dem Universalgeist ist, und er empfängt alle Offenbarung und Inspiration, die der menschlichen Seele zuteilwerden kann. Es wird von vielen gedacht, dass Offenbarung aus einer äußeren Quelle herrührt, entweder durch die Gunst eines Engels, lichten Geistes oder den persönlichen außerweltlichen Gott, doch ein Yogi weiß, dass Offenbarung und Inspiration nur die innere Entdeckung des höheren Selbst ist und dass die Verwirklichung geistiger Wahrheit zu jener Seele kommt, die die letzte Stufe von Râja-Yoga erklommen hat. Unaufhörliche Anstrengung, Ausdauer und Beharrlichkeit bei der Ausübung sind nötig, um den Zustand des Überbewusstseins zu erreichen. Das, was darin realisiert wird, kann nicht durch den Verstand oder irgendeine Fähigkeit des Gehirns enthüllt werden, darum heißt es, dass Wahrheit nicht durch das Lesen von Büchern und Schriften erlangt werden kann, noch durch den Intellekt oder die Wahrnehmung der Sinne, sondern allein durch den Zustand des All-Bewusstseins. Wer Sehnsucht nach der Erkenntnis der

Wahrheit hat, wer nach der letzten Wirklichkeit des Weltalls strebt, und nicht durch die Kenntnis, die vermittelst der Sinne oder Hilfe der Instrumente erlangt wird, befriedigt ist, sollte hart kämpfen, um in den Samadhi einzugehen, denn durch ihn allein wird er sein Ideal finden und den Urquell der Glückseligkeit erreichen. Ehe man jedoch diesen Zustand erlangen kann, muss man sorgfältig die verschiedenen bereits aufgezählten Wege befolgen und mit Geduld und Beharrlichkeit alle Hindernisse beseitigen, die diese Wege versperren.

Es gibt viele Widerstände gegen den Samadhi, wie: Kummer, Krankheit, geistige Trägheit, Zweifel, Aufgeben des Kampfes gegen den Samadhi, Schwerfälligkeit des Körpers und Gemütes, Durst nach weltlichen Dingen, falsches Wissen, Nichterlangung der Konzentration, Zurückfallen von dem einmal erreichten Zustand, unregelmäßiges Atmen usw. Das alles kann bei regelmäßiger Übung unter Leitung eines Yogi-Lehrers leicht vermieden werden. Wenn ein Schüler versuchen sollte, selbst irgendeine der Übungen, wie sie in Râja-Yoga gegeben wurden, auszuüben, kann er einige unangenehme Erfahrungen machen, die sein Gemüt oder sein Nervensystem verwirren können, hat er aber einen erfahrenen Râja-Yogi, der ihn leitet, so findet er keine Schwierigkeit, alle die Hindernisse und Gefahren zu überwinden, um die rechte Bestimmung zu erfüllen. Einige dieser Kräfte, die durch die Übungen erzeugt werden, sind zu gefährlich, um von dem unerfahrenen Schüler gehandhabt zu werden, sie können ihm nicht nur schaden, sondern ihn sogar zur Besessenheit treiben. Es sind, in der Tat, viele derartige Fälle unter denen vorgekommen, die versucht haben, ohne die Hilfe eines gut geeigneten Guru oder geistigen Lehrers zu üben.

Hat der Schüler alle Hindernisse auf diesem Pfad überwunden, so kann er getrost sein, endlich das Ziel Râja-Yogas erreicht zu haben. Wenn die übersinnliche Verwirklichung eingetreten ist, werden alle Zweifel für immer aufhören, alle Fragen, nach der Natur der Seele sind beantwortet, die Suche nach Wahrheit wird zu Ende sein, das Gemüt Ruhe gefunden haben und die Seele von den Banden der Unwissenheit und Selbsttäuschung befreit sein. Der Yogi wird niemals mehr ein Opfer für die Anziehungen der Welt, noch durch Sinnesobjekte zerstreut werden. Das ganze Universum wird ihm als der Spielraum des göttlichen Wesens erscheinen, und er wird beständig fühlen, dass sein Körper und Geist nur die Instrumente sind, die sich unter der Leitung des göttlichen Willens bewegen, der sich durch alle Formen kundgibt. Nachdem er auf diese Weise spirituelle Kraft und Erleuchtung gefunden hat, wird er der Herr seiner selbst und der Beherrscher der Natur, schon in diesem Leben, werden.

»Er allein hat das Glück auf dieser Erde erreicht, er allein hat die Welt überwunden, er, der vollkommene Herrschaft über sein Gemüt und seinen Körper besitzt, dessen Seele in Ruhe wohnt und dessen Augen die Gottheit in allem erblicken und alles in jener ewigen Wesenheit, das die unendliche Quelle des Daseins, der Erkenntnis und absoluten Glückseligkeit ist«.

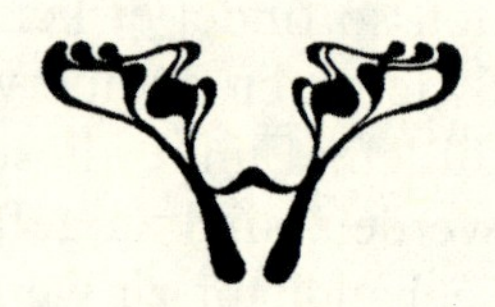

# KARMA-YOGA

## VON SVAMI ABHEDANANDA

### FREI ÜBERSETZT VON GABRIELLA FRANCHETTI

Eine der Bezeichnungen des Wortes »Yoga« ist »Geschicklichkeit im Arbeiten«. Um diese Bedeutung noch spezifischer wiederzugeben wird die Sanskritendung »Karma«, die von dem Zeitwort »Kri« (handeln) entstammt, hinzugefügt. Im buchstäblichen Sinne genommen bedeutet daher Karma Handlung und bezieht sich auf alle Handlungen des Körpers und Gemütes. Wo Tätigkeit irgendeiner Art ist, ist es Karma. In diesem Sinne sind Andacht, Liebe, Verehrung, Betrachtung, Konzentration, Forschung alles Karma; so auch aus demselben Grunde essen, trinken, gehen, sprechen oder irgendeine körperliche Funktion verrichten.

Fernerhin folgt jeder Handlung, wie wir gewahr werden, eine Rückwirkung. Keine Tat kann von ihren Folgen getrennt werden, da keine Ursache ohne Wirkung existieren kann. Folglich umfasst die sekundäre Bedeutung von Karma alle Rückwirkungen oder Resultate der Handlungen. Die Verkettung von Ursache und Wirkung, die als »Kausalitätsgesetz« bekannt ist, ist ebenfalls Karma; und jede Handlung des Körpers und Gemütes wird von dem Karma Gesetz, oder von Handlung und Rückwirkung, beherrscht. Diesem Naturgesetz unterworfen, haben wir von der anfangslosen Vergangenheit in dieser Welt gewirkt, und die Früchte unseres Strebens, Angenehmes und Unangenehmes, Gutes oder Böses, geerntet.

Wenn wir alsdann bedenken, dass die Wirkung einer jeden Handlung ihren Eindruck in der Gemütssubstanz zurücklässt, der wiederum der Samen einer neuen Handlung werden wird, so verstehen wir die dritte Bedeutung dieser Endung. Auf diese Weise schließt das Wort Karma die gesamten Resultate vergangener Handlungen oder auch die ersten Anfänge zukünftiger Tätigkeiten in sich ein. Somit kann der Charakter eines Individuums, der nur die Aggregat-Summe der Werke eines früheren Lebens ist, Karma genannt werden. Auf diese Art wird das zukünftige Leben die Totalsumme der Resultate geistiger und körperlicher Handlungen unseres jetzigen Lebens ausmachen.

Karma Yoga ist daher der Zweig der Yogawissenschaft, der sich mit den drei Ideen, die dem Wort Karma zugrunde liegen, beschäftigt, die Methode beschreibt, durch die sich die individuelle Seele von dem Rade des Wirkens und Rückwirkens losreißen, und nachdem sie dem unwiderstehlichen Kausalitätsgesetz entflohen, vollkommene Freiheit erlangen kann, um so den höchsten Lebenszweck durch rechtes Handeln zu erfüllen, das schließlich zum letzten Ziel aller Religion führt. Es ist der Pfad für die, die an keinen Schöpfer glauben, die nicht andächtig veranlagt sind und sich nichts aus der Verehrung eines persönlichen Gottes machen, noch zu ihm beten wollen.

Karma-Yoga lehrt, dass die Ursache des Leidens, Elends, der Krankheiten und des Unglückes, die unser irdisches Leben überschatten, in unseren eigenen Handlungen liegt. Wir ernten die Frucht, die wir selbst gesät haben. Diese Ursachen sind in uns. Wir sollten weder unsere Eltern, noch irgendeinen bösen Geist tadeln und für unsere Leiden verantwortlich machen, sondern sollten in unser Inneres sehen um die Ursache davon zu entdecken. Dieser Yoga-Zweig beschreibt gleichzeitig das Geheimnis des Wirkens, durch das wir erfahren können, wie man alles Gebundensein und alles Leiden beseitigen kann und so Freiheit, Frieden und Glückseligkeit hier und nach dem Tode genießen wird. Er sagt uns, dass jede Handlung, die durch den Beweggrund des Wunsches nach Resultaten vollbracht wird, die Seele an diese Resultate bindet und folglich eine Quelle des Gebundenseins wird. Das

Geheimnis der Arbeit besteht im Wirken um des Werkes willen und nicht um dessen Früchte. Wenn dieser Grundsatz auf die Handlungen des täglichen Lebens angewendet wird, dann wird jede von uns verrichtete Arbeit uns zu der vollkommenen Seelenfreiheit empört ragen. Wer immer seine Pflichten erfüllt und dabei das Geheimnis des Wirkens versteht, wird wahrhaft selbstlos und gewinnt allmählich die Erkenntnis seines wahren Selbstes, das unsterblich und göttlich ist.

Gemäß Karma-Yoga erscheint das wahre Selbst als »Ich«, »Täter oder Handelnder«, wenn es mit den Beschränkungen des Gemütes und der physischen Form identifiziert wird, und die Arbeit aus verschiedenen Motiven vollbringend, bleibt es an die Folgen gekettet. Auf diese Weise fühlen wir uns eins mit dem Körper und bemühen uns, das enge, beschränkte Selbst oder Ego zu bereichern und etwas zu erhalten, von dem, was »Nichtich« (nego) ist. Diese unvollkommene Kenntnis unseres »Ich« oder lieber diese Unwissenheit unseres wahren »Selbst«, ist die Ursache der Selbstsucht. Aus der Selbstsucht wiederum entspringt aller Wunsch nach Resultaten, der uns zwingt zu leben und wie Sklaven zu arbeiten. Karma-Yoga zeigt uns den Weg, durch den wir uns unseres wahren Selbstes bewusst werden und indem wir den Umfang unseres beschränkten »Ego« erweitern, es universell machen können. Wenn wir das erfüllt haben, werden wir in der Welt leben, nicht aus selbstsüchtigen Motiven wirkend, sondern für die Menschheit, doch mit ebenso viel Interesse, als wenn wir für uns selbst arbeiten. Wir werden auch nicht die Bequemlichkeit und das Vergnügen dieser kleinen Persönlichkeit, die jetzt das Hauptzentrum unserer Interessen ist, suchen, sondern für das Wohl aller ringen.

Ein jeder, der ein wahrer Karma-Yogi zu sein wünscht, sollte eingehend die Philosophie des Wirkens verstehen und daran denken, dass jede Handlung des Körpers und Gemütes einen Effekt hervorbringen wird, der auf jeden Fall auf den Träger zurückfällt; und dass, wenn der leiseste Wunsch nach Belohnung vorhanden ist, er der Same einer zukünftigen

Handlung ähnlicher Natur sein wird. Er sollte sich darüber klar sein, dass jede Handlung eine gleiche Rückhandlung hervorbringt. Wenn die Tat in Harmonie mit den moralischen und physischen Gesetzen, die unser Leben bestimmen, sein wird, dann wird die Reaktion, die auf den Handelnden zurückkommt, nur Gutes bringen wie: Frieden, Ruhe, Glück und Gesundheit. Wenn dagegen diese Gesetze vergewaltigt werden, wird das Resultat böse sein, indem es Unruhe, Trostlosigkeit, Vermögensverlust, Krankheit und Unglück hervorbringt.

Ein Reisender auf dem Pfad Karma-Yogas sollte nicht einmal schlechtes von einem anderen denken, denn in dem Versuch andere zu verletzen, schaden wir zuerst uns selbst. Jeder Gedanke bringt die Gemütssubstanz in einen gewissen Zustand der Vibration und öffnet die Tür dem Einfluss solcher Gemüter, die im selben Vibrationszustand sind. Wenn wir daher böse Gedanken nähren, laufen wir doppelte Gefahr andere Gemüter anzustecken und auch von allen bösartigen Personen, die ähnliche Gedanken haben, beeinflusst zu werden; ja, wir setzen unsere Seelen all den bösen Gedanken aus, die in der Vergangenheit gedacht wurden und in der geistigen Atmosphäre der Welt aufgespeichert sind. Ein gleiches Resultat kommt vom Einhalten guter Gedanken. Das ist der Grund, weshalb Bösewichte immer schlechter und die Guten jeden Tag besser werden.

Ein Karma-Yogi sollte realisieren, dass es ein Wesen oder einen Geist im Universum gibt. Wenn er dasselbe Wesen oder Geist in allen lebenden Geschöpfen sieht, wird er die Rechte aller anerkennen und niemals einen anderen geistig oder körperlich verletzen. Solch ein Yogi ist wahrhaft selbstlos; er ist der Menschheit und der Welt ein Segen.

Wer Karma-Yoga betreiben will, sollte das Anhängen an die Früchte seiner Arbeit aufgeben und es lernen, um des Werkes willen zu wirken, indem er so in seinem Gemüt die Idee aufrecht erhält, dass er durch sein Werk die Schulden bezahlt, die er seinen Eltern, der Gesellschaft, dem Lande und der Menschheit schuldet. Wie eine Kinderfrau sollte er Sorge für seine Kinder tragen und daran denken, dass sie nicht ihm gehören, sondern unter seine Obhut gestellt sind, damit er und sie Erfahrungen gewinnen und ihre Kräfte und Gefühle entwickeln.

Ein wahrer Karma-Yogi ist fernerhin der, der erkennt, dass sein wahres Selbst nicht ein Vollbringen der Handlung ist, sondern alle geistige und physische Tätigkeit das Resultat der Naturkräfte. Daher behauptet er nie, dass jedes Werk, ob gut oder böse, von seinem wahren Selbst verrichtet wird. Er lässt sein Gemüt, seinen Intellekt und seine Sinneswerkzeuge unaufhörlich arbeiten, während er in seiner Seele fest an den Gedanken hält, dass er der wie ein Zeuge ähnlicher Erkenner aller geistigen und körperlichen Tätigkeit ist. Auf diese Weise befreit er sich von dem Gesetz des Karma und entflieht allen Folgen der Arbeit, die den gewöhnlichen Arbeiter binden. Er rechnet weder auf Erfolg oder Fehlschlag in seinem täglichen Leben. Er tut mit aller Kraft sein bestes und so seine Pflicht im weitesten Sinne des Wortes erfüllend, grämt er sich nicht bei seiner Niederlage, sondern sagt sich, dass er alles, was er tun konnte unter gegebenen Umständen getan hat, behauptet seine Ruhe und genießt Seelenfrieden sogar im Falle eines Fehlschlages.

Das Ziel eines Karma- Yogi ist in der Welt zu leben und zu handeln wie ein Herr, nicht wie ein Sklave. Gewöhnliche Sterbliche gehorchen blindlings den Herrschern der Begierden und Leidenschaften und folgen ihnen ohne zu fragen und ohne zu überlegen. Aber er, der den Pfad Karma-Yogas gewählt hat, sucht die absolute Kontrolle über Wunsch und Leidenschaft und richtet die sich manifestierende Kraft durch diese Kanäle zu dem höchsten Lebensideal, zur Befreiung der Seele.

Indem er alle Lebenspflichten erfüllt, nimmt der Karma-Yogi seine Zuflucht zur Liebe und macht sie zur Triebkraft jeder körperlichen und seelischen Handlung; wo er auch immer eine Pflicht vollbringt, geschieht es immer aus Liebe. Er weiß, dass Pflichtgefühl Gebundensein bedeutet, während die Handlung, aus einem Gefühl der Liebe getan, die Seele frei macht und Frieden, Ruhe und zuletzt immerwährende Seligkeil bringt.

Alle die großen geistigen Führet der Menschheit, wie Christus und Buddha, waren Karma-Yogis. Sie arbeiteten aus Liebe zur Menschheit und bewiesen durch ihr Beispiel wie vollkommene Freiheit durch rechtes Werk erlangt werden kann. Buddha predigte nicht die Anbetung eines persönlichen Gottes, sondern er verwies auf die Wahrheit, dass die, die nicht an einen außerweltlichen Gott glauben, und nicht andächtig veranlagt sind, das höchste Ziel aller Religionen durch den Pfad von Karma-Yoga erreichen können.

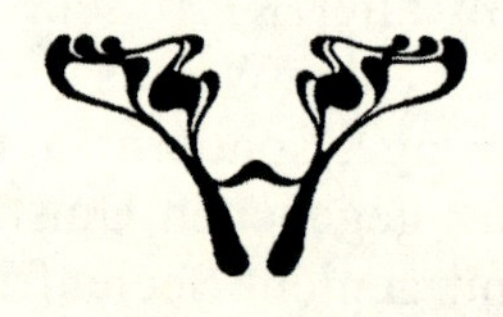

# BHAKTI-YOGA

## VON SVAMI ABHEDANANDA

### FREI ÜBERSETZT VON GABRIELLA FRANCHETTI

Bhakti-Yoga lehrt, wie das letzte Ende aller Religion durch die liebe und Verehrung des persönlichen Gottes, der Schöpfer und Erhalter des phänomenalen Universums ist, erreicht werden kann. Es führt zu derselben Bestimmung, aller anderen Yoga-Pfade, aber es ist hauptsächlich für die geeignet, die beweglich in ihrer Natur sind und bei denen das Gefühl der liebe und Ergebung hoch entwickelt ist. Es ist für die Gläubigen, die, ihrer eignen Schwäche bewusst, aus Mangel an Selbstbeherrschung und Kenntnis, Hilfe von außen suchen; und die ihre Zuflucht zum Höchsten nehmend, ihn um Erbarmen und Vergebung der Sünden bitten, die sie aus Unwissenheit der unser Leben beherrschenden geistigen und moralischen Gesetze, begangen haben.

Alle dualistischen Religionssysteme, wie das Christentum, der Mohammedanismus und die jüdische Religion, die die Anbetung eines persönlichen Gottes befürworten, predigen wissentlich oder unbewusst Bhakti-Yoga und leiten ihre Gläubigen zu diesem Pfad.

Das Wort »Bhakti« bedeutet Ergebung, während Yoga in diesem Falle die Vereinigung der individuellen Seele mit Gott bezeichnet. So ist Bhakti-Yoga die Methode der Verehrung, durch die wahre Vereinigung der Seele mit der höchsten Gottheit erfüllt wird. Es zeigt, welche Art der Ergebung und Liebe zu Gott die Seele in die innigste Beziehung zum göttlichen Wesen bringen wird und wie sogar die gewöhnlichen Empfindungen eines menschlichen Herzens, wenn zu Gott gerichtet, die Mittel werden können, die spirituelle Einheit mit dem Geist des Universums zu erlangen. Râja-Yoga sagt uns, dass Begierde, Leidenschaft, Liebe, Hass, Stolz und Ärger vollständig beherrscht sein müssen, ehe die Vollkommenheit erreicht werden kann. Ein Râja-Yoga-Schüler muss nicht nur vollständige Wachsamkeit über sein Gemüt beobachten, sondern auch die 8 bereits beschriebenen Stufen getreulich üben, wenn er sein höchstes Ideal erreichen will; während wir im Bhakti-Yoga lernen, dass alle Wünsche und Leidenschaften, seien sie gut oder böse, zu Gott gerichtet werden können. Alsdann, statt die Seele an die Weltlichkeit und irdische Ketten zu binden, werden sie ein Mittel, das Gottesbewusstsein und absolute Freiheit von der Selbstsucht und Schlechtigkeit zu erlangen.

Ein Jünger auf diesem Pfade der Andacht sollte Gott so eng als möglich an seine Seele ketten und ihn nicht nur als den Herrn des Weltalls, sondern auch wie seinen Vater, Mutter, Bruder, Schwester, Freund oder Kind betrachten. Ja, das Verhältnis zwischen Mann und Weib kann in den Heizen eines Gottliebenden befestigt und gepflegt werden, genährt durch den erquickenden Wein göttlicher Liebe. Wenn das ganze Herz und die Seele eines Bhakta oder Gottliebenden wie der unaufgehaltene Stromlauf eines mächtigen Flusses alle Schranken übersteigt und sich kopfüber in den Ozean der Gottheit ergießt, findet er keine andere Anziehung an die Welt, hat keine anderen Gedanken, nährt keine anderen Begierden, spricht nichts anderes und sieht kein anderes Ding als seinen innigst Geliebten, die allgegenwärtige Gottheit. Es widmet sich ihm gänzlich und stellt seinen Willen dem Willen des Allmächtigen anheim. Er arbeitet aber ohne an Belohnung zu denken. Jede Handlung seines Körpers und Gemüts wird einfach vollbracht, um seinem Geliebten zu gefallen. Seine Triebkraft ist allein die Liebe, und durch diese bricht er die Kette der Selbstsucht, steigt über das Karma-Gesetz empor und wird frei. Auf diese Weise bleibt ein wahrer Bhakta-Yogi beständig mit dem Unendlichen in Harmonie und verliert den Sinn des »Ich«, »Mir« und »Mein«, und macht Platz für das »Du«, »Dir« und »Dein«.

Ein Bhakta vergisst nie seine Beziehung zu Gott. Seine Seele ist gesammelt und auf einen Punkt gerichtet; folglich wird ihm Meditation leicht. Wahre Ergebung oder immerwährendes Erinnern seines göttlichen Ideals führt zu unaufhörlicher Betrachtung und erhebt die Seele schließlich in den Samadhi (Yoga-Schlaf), wo sie Gott erkennt und ungestört durch irgendeinen andern Gedanken, Gefühl und Empfindung in seiner Gemeinschaft sucht. Dem Sinnenleben abgestorben, lebt sie auf dem geistigen Plane des Gottesbewusstseins. Wo auch ein solcher Yogi seine Augen hinrichtet, überall sieht er die Gegenwart des Allwissenden und genießt ungetrübten Frieden und Glückseligkeit in jedem Augenblick seines Lebens. Aus diesem Grunde wird Bhakti-Yoga als die leichteste aller Methoden betrachtet. Was ein Râja-Yogi nur nach jahrelanger Übung erlernt, erhält der Bhakta in kurzer Zeit durch äußerste Liebe und Hingebung. Das, was ein Karma- Yogi so schwer zu erreichen findet, erlangt ein Bhakta leicht, indem er die Früchte aller seiner Werke der Allmächtigen Quelle aller Tätigkeit und dem letzten Ende aller Beweggründe aufopfert.

Bhakti-Yoga hat zwei Einteilungen; die erste heißt »Gamu« oder Vorbereitung und umfasst alle Einleitungsübungen; die zweite ist »Para« oder der Zustand der höchsten Liebe und Ergebung in Gott. Ein Anfänger in Bhakti-Yoga sollte den Grund seines Herzens vorbereiten, indem er ihn von den Verlockungen irdischer Dinge und sinnlicher Vergnügungen freimacht; darauf sollte er das höchste Verlangen erwecken, Gott zu schauen, die Gottheit zu beweisen und zu der Quelle aller Erkenntnis gehen, um so in diesem Leben Vollkommenheit und Gottesbewusstsein zu erreichen. Er muss absoluten Ernst haben und sollte die Gesellschaft eines wahrhaftigen Auserwählten Gottes aufsuchen, dessen Leben rein und fleckenlos ist, der allen weltlichen Verbindungen entsagt und die wahre Beziehung, in der die individuelle Seele zu Gott steht, verwirklicht hat. Wenn er durch Glück einen solchen Bhakta trifft, soll er von ihm den Samen des Bhakti-Yoga erhalten, ihn in den Grund seines Herzens pflanzen und den Anweisungen des Lehrers getreulich folgend, dabei Sorge tragen, ihn wachsen und blühen, zu lassen, bis er ein großer Baum wird, der die Frucht der göttlichen Liebe trägt. Er sollte Ehrfurcht und Liebe seinem Lehrer gegenüber empfinden, der ihm sein geistiges Auge öffnen und seine eigenen geistigen Kräfte übertragen wird. Wenn diese Kräfte anfangen werden zu arbeiten, so wird die Seele aus dem tiefen Schlaf der Unwissenheit und Selbstsucht erwacht sein.

Der Guru oder geistig Schauende, die natürliche Neigung seines Jüngers erkennend, wird ihm raten, Gott als seinen Herrn, Vater oder Mutter anzusehen und so eine bestimmte Beziehung zwischen seiner Seele und Gott herzustellen. Dann sollte der Schüler lernen den Höchsten durch diese besondere Beziehung zu verehren und anzubeten. In diesem Stadium mögen Symbole, Rituale und Zeremonien seinem Gemüt zusagen. Oder er kann den Namen des Herrn, der den besonderen Aspekt der Gottheit bedeutet, aussprechen, der der Beziehung, die er zu ihr trägt, entspringt. Beständige Wiederholung eines solchen Namens wird dem Geist des Neophiten behilflich sein, sich auf das Göttliche Wesen zu sammeln. Während dieser Periode sollte er solche Gesellschaft, solche Orte und Vergnügen vermeiden, die ihn veranlassen würden, sein gewähltes Ideal zu vergessen. Er sollte ein keusches und reines Leben führen, immer das Rechte vom Unrechten unterscheiden und kämpfen, seine Wünsche und Leidenschaften zu unterdrücken, indem er ihnen entsagt und sie so Gott aufopfert. Er sollte erzürnt auf sich selbst sein, wenn er nicht sein Ideal realisiert; er sollte seine sündhafte Natur hassen, weil sie ihn von dem Pfade des Bhakti zurückhält und ihn seinen Geliebten vergessen lässt; so wird es ihm nach und nach gelingen, seine Fehler zu verbessern und Beherrschung seiner tierischen Natur zu erlangen.

Ein Reisender auf dem Pfade von Bhakti-Yoga muss

Reinheit des Körpers und Gemütes beobachten, wahrhaft sein und ein einfaches Leben führen, ohne irgendein Lebendes Geschöpf geistig oder körperlich zu verletzen. Er darf kein Tier für seine Nahrung töten, noch begehren, was ihm nicht gehört. Er sollte fernerhin die Gesetze der Gesundheit befolgen, die dazu beitragen, ihn körperlich kräftig zu machen, als auch die moralischen Gesetze, denn Vergewaltigung das Gemüt schwächt.

Solange der Andächtige an Gott in einer Form denkt und glaubt, dass er außerhalb seiner Seele und des Unwissens ist, kann er sich ein geistiges Bild von ihm machen und das göttliche Ideal durch diese Form anbeten; oder er kann sich eine symbolische Figur, wie das Kreuz, vor sein Auge halten, das ihn an sein Ideal zur Zeit der Andacht erinnern wird. Aber ein Bhakta darf nie die eingebildete oder symbolische Figur für das wirkliche Ideal halten. Wo immer solch ein Fehler begangen wird, ist geistige Degeneration und der Ausdruck der Unwissenheit in der Form von Sektenwesen, Frömmelei und Fanatismus anzutreffen.

Allmählich, wenn sich der Bhakta Gott nähert, wird er über diese dualistischen Vorstellungen emporsteigen und realisieren, dass sein »Geliebter« nicht nur transzendent (jenseitig), sondern auch der Natur innewohnend ist, dass die Natur sein Körper ist, dass Er überall wohnt, dass Er die Seele unserer Seelen ist, dass Er das Eine erstaunliche Ganze ist. während wir nur seine Teile sind. Dann erreicht der Bhakta den Zustand, der eigentlicher »Nicht-Dualismus« genannt wird. Er sieht, dass von dem winzigsten Insekt bis zum Menschen herauf alle lebenden Geschöpfe in Beziehung zum »Ishwara« stehen, so, wie ein Teil vom Ganzen abhängt. Daher kann er kein lebendes Wesen verletzen oder töten. Davon ausgehend, dass alles, was zu einem Teil gehört, in Wirklichkeit dem Ganzen zu eigen, ist, sagt er: »Was auch mein ist, ist Dein«! und von diesem Augenblick beginnt die absolute Selbstverleugnung und Ergebung in den Willen des Ishwara in der Seele des Yogi zu herrschen. Dann ist er fähig vom Grund seines

Herzens zu sagen: »Dein Wille geschehe« und nie mehr vergisst er, dass seine Seele ein Teil des Ishwara (Logos) ist. Seine Ergebung besteht hinfort im Gedenken dieser neuen Beziehung, und seine Anbetung nimmt eine neue Form an. Was er auch mit seinem Gemüt oder Körper tut, wird ein Akt der Verehrung des Höchsten Ganzen, denn er verwirklicht, dass er keine Kraft besitzt, die nicht Gott gehört. Essen, Trinken, Gehen, Sprechen und jede andere Arbeit seines täglichen Lebens wird ein Akt der Andacht und Weihe, und die ganze Existenz eines solchen Bhakta ist eine ununterbrochene Reihe von Weiheakten. Dann ist das Herz gereinigt und die Selbstliebe tot.

Solcherart erhebt sich der Gläubige zu dem zweiten Grad Bhakti-Yogas und beginnt die Göttliche Liebe zu kosten, die die Frucht des Bhakti-Baumes ist. Hier verschwindet jeder Unterschied, zwischen dem Liebenden und Geliebten; der Liebende, das Geliebte und die Liebe tauchen alle in den einen Ozean del Göttlichkeit. Die Seele des Bhakta ist verwandelt und offenbart Allwissen, All-Liebe und vollkommene Freiheit, sowie all die anderen göttlichen Eigenschaften, die zu dem höchsten Ideal Bhakti-Yogas führen.

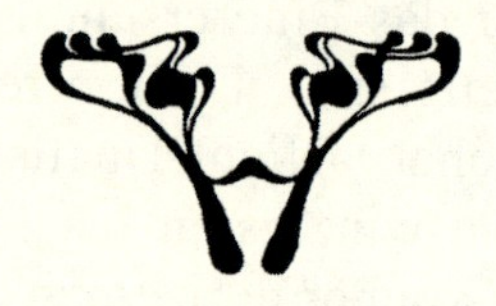

# INANA-YOGA

## VON SVAMI ABHEDANANDA

### FREI ÜBERSETZT VON GABRIELLA PRANCHETTI

Der letzte Pfad ist Inana-Yoga, der Pfad der Weisheit und Forschung. Das aus dem Sanskrit abgeleitete Wort: »Inâ«, wissen, bedeutet Erkenntnis, Wissen und das Ideal, das es seinen Nachfolgern stellt, ist die Verwirklichung der absoluten Wahrheit, die die Eine allgemeine Quelle aller subjektiven und objektiven Phänomene im Weltall ist. Es lehrt, dass es Ein Leben, Ein Wesen, Eine Realität gibt, und dass alle Wahrnehmung der Unterscheidung und Einteilung, alles Glauben an die fortwährende Dualität oder Vielheit des Daseins unwahr und illusorisch ist.

Inana-Yoga gründet sich gänzlich auf die monistischen Grundsätze des Advaita oder nichtdualistischen Systems des Vedanta. Sein Zweck ist es zu zeigen, dass Subjekt und Objekt nur die beiden Ausdrücke des Einen absoluten Wesens oder Substanz sind; dass Gott und Mensch, der Schöpfer und das Geschöpf, nur verschiedene Aspekte der Universellen Wirklichkeit sind. Sein Ziel ist, die verschiedenartigen Erscheinungen in die Eine unendliche Wesenheit aufzulösen, aus der alle offenbarten Gewalten und Kräfte der äußeren und inneren Natur entstanden sind, und das die Urquelle unveränderlicher Intelligenz und ewiger Glückseligkeit ist.

Nach Inana-Yoga sind Materie, Kraft, Intellekt, Sinnenkräfte, Namen und Formen nur die scheinbaren Manifestationen der Einen Substanz, die im Sanskrit »Brahman« genannt wird. Sie mögen uns wirklich erscheinen, doch in Wahrheit haben sie nur relative Wirklichkeit. Die Phänomene des Universums sind gleich Wellen im Ozean von Brahman. Wie die Wellen im Meere aufsteigen und nachdem sie eine Weile gespielt haben, von neuem darin untertauchen, so erheben sich die Wogen des Subjektes und Objektes, bleiben eine Zeitlang zusammen und lösen sich in dem Ozean der absoluten Substanz, Brahman, auf. Brahman wird im Vedanta beschrieben, als »Das, aus dem alle belebten und unbelebten Gegenstände entstanden sind, und in das sie nach ihrer Auflösung zurückkehren. Es sollte von allen gewusst und durch alle verwirklicht werden«. Es ist die Essenz der Gottheit. Es ist wie die ewige Leinwand, auf die der Schöpfer oder das kosmische Ego und das Geschöpf oder das individuelle Ego von Maja, der unerforschlichen Schöpfungskraft des unendlichen Wesens, gemalt werden.

Der Hauptgegenstand des Inana-Yoga ist es, Gott mit der individuellen Seele zu verschmelzen und die absolute Einheit zwischen ihnen auf dem höchsten geistigen Plane zu beweisen, da das individuelle Ego oder der Wiederstrahl, das Bildnis der Gottheit oder Brahman, seiner wahren Natur nach göttlich und sein wahres Selbst im Sanskrit als der Atman bekannt ist. Die Erkenntnis der Einheit des Atman oder subjektiven Wirklichkeit Brahmans, der universellen Wahrheit, wird im Inana-Yoga als das einzige Mittel beschrieben, um zur vollständigen Freiheit von den Banden der Selbstsucht, den Fesseln des Körpers und der Sinne zu gelangen, die die Ursachen aller Weltlichkeit, allen Unglückes und Elendes sind. Das Licht der Erkenntnis des Atman und seiner Einheit mit Brahman allein wird die Finsternis des Irrtums zerstreuen, die uns verhindert, den Urgrund absoluter Existenz, Intelligenz und Liebe zu erreichen, die uns jetzt dazu verleitet, das individuelle Selbst mit dem Körper, Sinnen, Gemüt und ihren Modifikationen zu identifizieren. Dieser Irrtum ist im Sanskrit als Avidya oder Nicht-Wissen bezeichnet und ist die Quelle aller falschen Erkenntnis, Egoismus, Anhängen an das niedere Selbst und an die Welt. Durch die illusorische Kraft von Avidya betrogen, verwechseln wir Seele und Körper und halten den Körper für die Seele, Materie für Geist und Geist für Stoff. In Unkenntnis unseres wahren Selbstes arbeiten wir nur aus selbstsüchtigen Motiven um irgendeinen Gewinn aus unseren Handlungen zu ziehen. Aber Inana-Yoga würde uns aus diesem Schlaf der Unwissenheit erwecken, wenn es uns zeigt, dass der Atman unsterblich, unveränderlich, allwissend und durch seine eigene Natur frei von Ewigkeit zu Ewigkeit ist; dass durch den Einfluss von Avidya gleichsam ein anderes ist, dass unter diesen Einfluss das individuelle Ego sich von selbst als etwas Veränderliches, dem Tod und der Geburt Unterworfenes hält, und dabei vergisst, dass der Hauptquell der Freiheit, Erkenntnis und immerwährender Glückseligkeit in ihm selbst thront, während es Erkenntnis und Glück außerhalb sucht, um so der Sklave seiner Wünsche und Leidenschaften zu werden. Weiter ermahnt es uns, dass alles, was wir geistig und physisch verrichten, wie ein Traum ist, der in den Schlaf der Selbsteinhüllung durch die Macht des Avidyâ verursacht wird, dass diese Träume des Schlafes der Unwissenheit weder durch Arbeit noch durch innere Betrachtung beseitigt werden können, sondern einzig durch das Licht und die Kraft der »Vidyâ«, der Erkenntnis des Atman oder Selbstes und seiner Beziehung zum Brahman.

Diese Erkenntnis kann nicht als das Resultat irgendeiner tugendhaften Handlung oder des Gebetes erlangt werden, sondern sie kommt zu der Seele, wenn der Verstand und das Herz durch selbstloses und rechtes Werk gereinigt sind, und wenn das individuelle Ego zwischen dem wahren unveränderlichen Atman und der scheinbaren veränderlichen Materie oder dem Stoff zu unterscheiden beginnt. Inana-Yoga lehrt, dass rechte Unterscheidung und eigene Analyse unerlässlich zur Erlangung der Kenntnis unseres wahren Selbstes sind, so wie auch für die Realität, die allen phänomenalen Dingen zugrunde liegt. Es schildert, dass die Selbsterkenntnis der Seele die Verwirklichung der absoluten Wahrheit schneller bringen wird, als die Ausübung von Raja, Karma oder Bhakti-Yoga.

Der Pfad der Weisheit ist daher am besten für die ernsten

und aufrichtigen Wahrheitssucher geeignet, die keine Stütze im aktiven Lieben haben, die ihrer Natur nach nicht gläubig sind, die aber voraussichtlich intellektuell sind und die, nachdem sie den vergänglichen und ephemeren Charakter der phänomenalen Dinge erkannt haben, nicht länger an Sinnenfreuden Gefallen finden. Es ist für die, die frei von allen Fesseln und allem Anhängen zu sein wünschen und sich nichts aus irdischem Reichtum, Erfolg, sozialen Ehren, Ruhm oder der Erfüllung persönlichen Ehrgeizes machen; sondern deren ganzes Wünschen danach strebt zu wissen, wer sie eigentlich sind, was ihre wahre Natur ist und welche Beziehung zwischen ihrer Seele, Gott und dem Universum besteht.

Ein Reisender auf diesem Pfade sollte in seiner Tendenz philosophisch sein, einen scharfen Verstand haben und die kühne Begabung, die wahre Natur der Dinge zu analysieren. Auch sollte er die feste Überzeugung hegen, dass die letzte Wahrheit und Wirklichkeit des Universums unveränderlich ist. Indem er das Schwert der rechten Unterscheidung zwischen dem Selbst und dem Nichtselbst gebraucht, sollte er alle Ketten sprengen und sich nie durch irgendeinen äußerlichen oder innerlichen Einfluss überwältigen lassen. Sein Gemüt sollte von Leidenschaften und Wünschen unberührt bleiben, seine Sinne unterdrückt und sein Körper kräftig, gesund und fähig sein, alle Mühseligkeit sowie geistige Trübsal zu überwinden. Er sollte leidenschaftslos sein und immer bereit allem zu entsagen, was sich der Verwirklichung der Wahrheit entgegenstellt. Er muss unbedingtes Vertrauen für die Lehren der Inana-Yogins haben, die Wahrheitsseher auf dem Pfade des Wissens geworden sind; ebenso muss er Glauben in die endgültigen Wahrheiten haben, die durch das monistische System des Vedanta aufgestellt sind.

Das Gemüt eines Anfängers in Inana-Yoga muss die Gabe der vollständigen Konzentration und Meditation besitzen. Seine Seele sollte mit der Sehnsucht nach absoluter Freiheit von allen relativen Bedingungen und der die Erscheinungen regierenden Gesetze erfüllt sein. Er muss bewahrheiten, dass selbst der Genuss himmlischer Freuden eine Art des Gebundenseins ist, da es die Seele in die Maschen phänomenaler Relativität verstrickt. Wohl versorgt mit allen diesen edlen Eigenschaften als Waffen sollte ein Inana-Yogi gegen phänomenale Erscheinungen kämpfen und immer mit dem Ideal der Vereinigung des wahren Selbstes und des absoluten Brahman vor seinen Augen, sollte er vorwärts auf die Verwirklichung schreiten, alle Namen und Formen mit dem Hammer rechter Analyse zertrümmern und alle Bande des Anhängens mit dem Schwerte richtiger Unterscheidung durchschneiden. Auch sollte er nicht aufhören, bis das Ziel erreicht ist. Er, der durch den Pfad der Forschung geht, verbrennt den Wald der Bäume phänomenaler Namen und Formen und entzündet im Verweilen darin das Feuer heiliger Erkenntnis. Alle diese Namen und Formen sind durch Mâyâ, der unerforschlichen Kraft Brahmans, entstanden und gemäß Inana-Yoga ist diese Mâyâ so unzertrennlich von Brahman, wie die Kraft der Hitze untrennbar vom Feuer ist. Bei seinem Suchen nach Brahman sollte ein Inana-Yogi alle Namen und Formen zurückweisen, sprechend: »Nicht das! Nicht das«! bis er das eine, namen- und formlose absolute Wesen des Universums realisiert, wo das Subjekt und Objekt, der Erkenner, die Erkenntnis und ihr Gegenstand ihre Relativität verlieren und im unendlichen Ozean des höchsten glückseligen Daseins und der höchsten Intelligenz untertauchen.

Ein aufrichtiger Wahrheitssucher sollte immer wieder hören, dass der Atman oder das göttliche Selbst eins mit Brahman oder der ewigen Wahrheit ist, und er sollte sich solche Aussprüche wiederholen wie: »Ich bin Brahman, ich bin Eins mit der unbegrenzten Quelle alles Wissens, aller Existenz und Seligkeit«. Er sollte fortwährend an die Bedeutung des »Tatwamasi« — das bist Du, denken und seine Zeit auf die Betrachtung dieser Einheit verwenden, bis das Licht des Brahman seine Seele erleuchtet, die Finsternis des Avidyâ vertreibt und sein Ich in die Essenz der Gottheit verwandelt.

Anstatt wie ein Bhakta einen persönlichen Gott anzubeten, sollte ein Inana-Yogi klar die wahre Bedeutung aller seiner Attribute verstehen, wie sie in den verschiedenen Schriften wiedergegeben werden, solche wie: Schöpfer und Erhalter des Weltalls, Gott ist ein Geist, unendlich, allwissend, allmächtig, unveränderlich, wahr und einzig; und indem er die Verehrung des persönlichen Gottes als einen Akt, der aus Avidyâ oder Unwissenheit der göttlichen Natur des Atman entstanden, zurückweist, sollte er das suchen, das über allen Attributen und jenseits aller Beschreibung ist, das, was das Reich des Gedankens übersteigt und nicht durch menschlichen Verstand und Begriffe enthüllt werden kann. Er sollte bewahrheiten, dass alle Vorstellungen eines persönlichen Gottes mehr oder weniger vermenschlicht sind und dass der Schöpfer selbst phänomenal sein muss, da er nur in Beziehung zum geschaffenen Objekt stehen kann. Ein Inana-Yogi betet folglich nicht zu dem persönlichen Gott oder zu irgendeinem anderen Geist oder Wesen. Für ihn sind Gebete und Andacht unnütz und nutzlos. Er sucht keine übernatürliche Hilfe oder göttliche Gnade, denn er ist sich des allmächtigen und allwissenden Atman in sich bewusst, und er weiß, dass sein wahres Selbst jenseits von Gut und Böse ist, über Tugend und Laster erhaben, unbeschränkt von allen Gesetzen und dass es über der Natur in seiner eignen Glorie herrscht. Er fühlt, dass es da Essenz nach dasselbe ist, wie der Schöpfe) oder persönliche Gott. Anstatt ihn mit dem Körper, Gemüt, Sinnen oder Verstand zu identifizieren, erinnert er sich immer daran, dass er der Atman ist, der geburt- und todlos, sündenlos, furchtlos, ungreifbar, ewig friedvoll, und immer unberührt von angenehmen oder unangenehmen Erfahrungen, Sensationen oder geistigem und physischem Wechsel ist.

Ein wahrer Inana-Yogi versucht beständig sich über allen phänomenalen Bedingungen zu halten und wiederholt beständig: »Ich bin Brahman«, »Soham — ich bin Er, ich bin Er«. Er sagt bei sich selbst:

»Ich bin weder Gemüt, noch Körper, noch Ego, noch Sinne; ich bin nicht Erde, noch Wasser, noch Luft, noch Feuer oder Äther, sondern meine wahre Natur ist absolutes Dasein, Erkenntnis, Seligkeit. Ich bin Er, ich bin Er.

Ich bin weder die organische Tätigkeit noch die Elemente des Körpers, weder der Sinn der Wahrnehmung noch der der Handlung, sondern ich bin Sat-Chit-Ananda (Daseins-Erkenntnis-Glückseligkeit). Ich bin Er, ich bin Er.

Ich habe weder Hass noch Liebe, weder Begierde noch Egoismus, noch Stolz, noch Eitelkeit; weder Bekenntnis eines besonderen Glaubens, noch Glauben, noch Ziel, noch Wunsch nach Freiheit. Ich bin absolutes Dasein, Erkenntnis, Seligkeit. Ich bin Er, ich bin Er.

Ich kenne keinen Tod, noch Todesfurcht, keine Geburt, noch Standesunterschied; ich habe weder Vater noch Mutter, weder Freund noch Feind, weder Lehrer noch Schüler. Ich bin Daseins-Erkenntnis-Glückseligkeit. Ich bin Er, ich bin Er.

Ich habe weder Tugend, noch Laster, noch Sünde; weder Freude noch Schmerz, weder Schriften noch Zeremonien. Ich bin nicht die Nahrung, noch bin ich der Essende. Ich bin absolutes Dasein, Erkenntnis, Glückseligkeit. Ich bin Er, ich bin Er.

Ich kenne weder Zweifel noch Frage. Ich bin formlos und alles durchdringend. Ich bin der ewige Herr der Natur und Beherrscher der Sinne. Ich bin weder gebunden noch frei. Ich bin Eins mit Brahman. Ich bin die allgegenwärtige Gottheit, der unwandelbare Herrscher aller. Ich bin Daseins-Erkenntnis-Glückseligkeit. Ich bin Er, ich bin Er«.

Indem er auf diese Weise beständig Unterscheidung übt, erhebt sich der Yogi über alle relativen und phänomenalen Erscheinungen und realisiert das Absolute, Unaussprechliche, Ewige in diesem Leben und wird schließlich Eins damit; denn Inana-Yogi, *) erklärt dass der, der Brahman kennt, Brahman wird, weil der Erkenner Gottes kein anderer als GOTT selbst sein kann. Ein Inana-Yogi vergisst niemals, dass sein wahres

---

*) Inana = Guana. G ist hier mit I umschrieben; sprich Dschnana.

Selbst Brahman ist. Wenn er dieses höchste Gottesbewusstsein erreicht hat, lebt er in der Welt wie ein ewiger Zuschauer aller geistigen und körperlichen Veränderungen. Immer glücklich und ungetrübt, wandert er von Ort zu Ort, der Menschheit den Weg absoluter Freiheit und Vollkommenheit weisend. Ein vollkommener Inana-Yogi lebt in der Tat wie die verkörperte Gottheit auf dieser Erde.

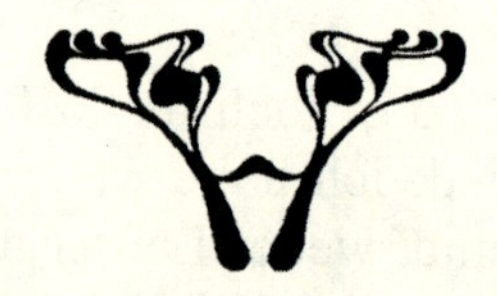

# SELBSTERKENNTNIS DES YOGA

VON SVAMI ABHEDANANDA

FREI ÜBERSETZT VON GABRIELLA FRANCHETTI

Wahre Religion ist außerordentlich praktisch; sie ist in der Tat gänzlich auf Praxis gegründet und nicht auf Theorie und Spekulation irgendeiner Art, denn die Religion beginnt erst da, wo die Theorie endet. Ihr Gegenstand ist es, den Charakter umzumodeln, die göttliche Natur der Seele zu entfalten und es möglich zu machen, auf dem höchsten geistigen Plane zu leben, da ihr Ideal die Verwirklichung der absoluten Wahrheit und die Manifestation der Gottheit in den Handlungen des täglichen Lebens ist.

Die Spiritualität hängt nicht vom Lesen der Schriften, gelehrten Interpretationen heiliger Bücher ab, noch von feinen theologischen Streitereien, sondern von der Verwirklichung der unwandelbaren Wahrheit. In Indien wird ein Mensch nicht wirklich geistig und religiös genannt, weil er irgendein Buch geschrieben hat, oder die Gabe des Gebetes besitzt und hinreißende Predigten halten kann, sondern nur dann, wenn er in seinen Taten und Worten die göttlichen Kräfte handeln lässt. Ein gänzlich ungebildeter Mensch kann den höchsten Zustand spiritueller Vollkommenheit erlangen, ohne irgendeine Schule oder Universität zu besuchen, noch eine gelehrte Abhandlung zu kennen, sondern wenn er seine Tiernatur besiegen, sein wahres Selbst und seine Beziehung zum Universalgeist verwirklichen kann; oder mit anderen Worten: wenn er die Erkenntnis der Wahrheit, die in ihm wohnt, erlangt, die dieselbe ist wie die unendliche Quelle alles Daseins, aller Intelligenz und Glückseligkeit. Der, der alle philosophischen und wissenschaftlichen Schriften bemeistert hat, mag in der Gesellschaft als Verstandesriese gelten, doch kann er nicht dem ungelehrten Menschen gleichgestellt werden, der, nachdem er die ewige Wahrheit verwirklicht und Eins mit ihr geworden, Gott überall sieht und auf Erden als eine Verkörperung der Gottheit, lebt.

Der Autor hatte das Glück mit solch einem göttlichen Mann in Indien bekannt zu sein. Sein Name war Ramakrischna. Er ging niemals in irgendeine Schule, noch hatte er irgendwelche Schriften über Philosophie noch gelehrte Abhandlungen der Welt gelesen, und doch hatte er Vollkommenheit erreicht, indem er Gott durch die Ausübung von Yoga verwirklichte. Hunderte von Männern und Frauen, die ihn zu sehen kamen, wurden geistig gestärkt und emporgehoben, durch die göttlichen Kräfte, die dieser ungelernte Mann besaß. Heute wird er von lausenden in ganz Indien geachtet und vereint, so wie Jesus Christus in der Christenheit angebetet wird. Er konnte mit der außerordentlichsten Klarheit die subtilsten Probleme der Philosophie und Wissenschaft behandeln und die verzwicktesten Fragen der klügsten Theologen in solch meisterhafter Art beantworten, dass er alle Zweifel, die diesen Gegenstand betrafen, vernichtete. Wie konnte er das zustande bringen, ohne ein Buch darüber gelesen zu haben? Durch seine wunderbare Einsicht in die wahre Natur der Dinge, und durch die Yogakraft, die ihm direkt die Dinge sehen ließ, die den Sinnen nicht enthüllt werden können. Sein geistiges Auge war offen, es konnte den dichten Schleier der Unwissenheit durchdringen, der vor den Blicken der gewöhnlichen Sterblichen hängt und der sie verhindert, das zu erkennen, was jenseits der sinnlichen Wahrnehmung herrscht.

Diese Kräfte beginnen sich in der Seele zu entfalten, die zu der letzten Wirklichkeit des Universums erwacht. Es ist das, wenn sich der sechste Sinn, der das direkte Sehen höherer Wahrheiten entwickelt und sich von der Abhängigkeit der sinnlichen Kräfte freimacht. Der sechste Sinn oder das geistige Auge, schlummert latent in jedem Individuum, öffnet sich aber nur wenigen unter Millionen, und diese sind als Yogis bekannt. Bei der Mehrzahl der Menschen ist er im rudimentären Zustand durch einen dichten Schleier verdeckt. Wenn er sich jedoch durch die Ausübung von Yoga in einem Menschen entfaltet, wird er sich der höheren unsichtbaren Gaben bewusst, sowie alles dessen, was auf dem Seelenplane existiert. Was er auch sagt, harmoniert mit den Aussprüchen und Schriften aller großen Wahrheitsseher jeden Zeitalters und jeden Klimas. Er studiert keine Bücher; er braucht es nicht zu tun, denn er weiß, dass aller Menschenverstand täuschen kann. Er kann den inhaltlichen Zweck eines Buches erfassen, ohne den Text zu lesen; er verstellt auch, wie wenig der menschliche Geist durch Worte auszudrücken vermag und ist vertraut mit dem, was jenseits der Gedanken ist und folglich niemals durch Worte ausgedrückt werden kann.

Ehe er solch eine geistige Erleuchtung erreicht, geht er durch verschiedene Zustände mentaler und spiritueller Entwicklung und kennt infolge dessen alles, was ein menschlicher Verstand erfahren kann. Es ist ihm jedoch nicht genug, inmitten der Schranken sinnlicher Wahrnehmung zu bleiben, und es befriedigt ihn das intellektuelle Ergreifen der relativen Wirklichkeit nicht, sondern sein einziges Ziel ist es, das Reich des Absoluten zu betreten, das der Anfang und das Ende der phänomenalen Dinge und der relativen Erkenntnis ist. Auf diese Weise für die Verwirklichung des Höchsten kämpfend, unterlässt er es nicht, auf seinem Wege alle relative Erkenntnis, die der Erscheinungswelt angehört, zu sammeln, um so seiner Bestimmung, der Entfaltung seines wahren »Selbstes, entgegenzugehen.

Unser wahres Selbst ist seiner wahren Natur nach allwissend. Es ist die Quelle unendlicher Erkenntnis in uns. Da wir durch die Schranken der Zeit, des Raumes und der Kausalität gebunden sind, so können wir nicht alle die Kräfte zum Ausdruck bringen, die wir in Wahrheit besitzen. Je höher wir über diese beschränkten Bedingtheiten steigen, desto mehr können wir die göttlichen Eigenschaften der Allgegenwart und Allmacht offenbaren. Wenn wir aber unser Gemüt auf Phänomene richten und unsere ganze Energie darauf wenden, eine Erkenntnis zu erlangen, die gänzlich auf der sinnlichen Wahrnehmung beruht, werden wir dann je das Ende phänomenaler Erkenntnis erreichen, werden wir je imstande sein, die wahre Natur der Dinge dieses Universums zu erfahren? Nein, denn die Sinne können uns nicht jenseits der seichten Erscheinung sinnlicher Gegenstände führen. Anstatt tiefer in das Reich des Unsichtbaren einzugehen, erfinden wir Instrumente und sind mit ihrer Hilfe imstande, ein klein wenig weiter vorzudringen; aber auch diese Instrumente haben ihre Grenzen. Nachdem wir die Art eines Instrumentes versucht haben, werden wir von den Resultaten nicht befriedigt und suchen nach einem anderen, das uns mehr und mehr enthüllen kann, und wenn wir auf diese Weise weiter kämpfen, bemerken wir bei jedem Schritte, wie arm und hilflos die Sinnenkräfte auf dem Pfade der Erkenntnis des Absoluten sind. Zuletzt werden wir zu der Schlussfolgerung getrieben, dass jedes Instrument, ganz gleich wie fein es ist, uns niemals helfen kann, das zu realisieren, was jenseits der sinnlichen Wahrnehmung, des Verstandes und Gedankens ist.

Wenn wir sogar so unsere ganze Zeit und Energie verbringen würden, Erscheinungen zu studieren, würden wir doch niemals zu irgendeinem befriedigenden Resultate kommen, noch fähig sein, die Dinge so zu sehen, wie sie wirklich sind. Die Kenntnis von heute, die man mit Hilfe gewisser Instrumente gewinnt, wird die Unkenntnis von morgen sein, sobald wir bessere Instrumente erfinden. Die Erkenntnis des letzten Jahres ist schon die Unwissenheit des Gegenwärtigen; und die Erkenntnis dieses Jahrhunderts wird »Unwissenheit« im Lichte der Entdeckungen des neuen Jahrhunderts genannt werden.

Die Spanne Zeit eines menschlichen Gebens ist daher zu kurz, selbst für den Versuch eine bessere Erkenntnis aller Dinge zu erlangen, die in der Erscheinungswelt existieren. Die Lebenszeit von hundert und tausend Generationen, ja die der ganzen Menschheit, erscheint zu kurz, wenn wir die unendliche Verschiedenheit betrachten, die im Weltall gefunden wird, als auch die zahllose Summe der Gegenstände, die erkannt sein müssen, ehe wir das Ende der Erkenntnis erreichen können. Wenn ein Mensch eine Million Jahre leben könnte und während dieser langen Periode seine Sinne in vollkommener Ordnung halten würde, jeden Augenblick benützen könnte, die Natur zu studieren und fleißig bestrebt wäre, jedes kleinste Detail der Erscheinungswelt zu lernen, würde seine Sehnsucht nach Erkenntnis nach Ablauf jener Zeit gestillt sein? Gewiss nicht, er würde sieh noch mehr Zeit herbeiwünschen, eine feinere Wahrnehmungskraft, einen schärferen Verstand und ein leichteres Erfassen; und dann, würde er mit Sir Isaak Newton, nach einem Leben voll ermüdenden Forschens, sagen können: »Ich habe mir Kieselsteine am Ufer des Ozeans der Erkenntnis gesammelt«. — Wenn ein Genie wie Newton nicht einmal den Wassersand des Ozeans erreichen konnte, wie dürfen wir erwarten, die weite Ausdehnung von Ufer zu Ufer in wenigen kurzen Jahren zu überschreiten? Tausend Generationen sind dahingegangen, tausende werden vorübergehen, doch die Erkenntnis, die das Universum anbetrifft, wird unvollkommen bleiben. Ein Schleier nach dem andern mag fallen, doch Schleier um Schleier wird im Hintergrunde bleiben. Das wurde von den Yogis und Wahrheitssehern Indiens verstanden, die sagten: Unzählig sind die Zweige der Erkenntnis, aber kurz ist unsere Zeit, und es gibt viele Hindernisse auf dem Weg; daher sollten die Weisen zuerst danach streben, das zu erkennen, was das Höchste ist.

Hier steigt die Frage auf: Was ist die höchste Erkenntnis? Diese Frage ist so alt, wie die Geschichte; sie hat den Geist der Philosophen, Wissenschaftler und Gelehrten aller Zeiten und Nationen verwirrt. Einige haben eine Antwort darauf gefunden, andere nicht. Dieselbe Frage wurde im Altertum von Sokrates gestellt, als er nach dem Delphischen Orakel pilgerte und fragte: »Welche von aller Erkenntnis ist die Höchste?« Worauf die Antwort kam: »Erkenne dich selbst«!

In einer der Upanischaden lesen wir, dass ein großer Denker, nachdem er alle die zu dieser Zeit bekannten Philosophien und Wissenschaften studiert hatte, zu einem Wahrheitsseher kam und sagte: »Herr, ich bin dieser niederen Kenntnisse müde, die aus Büchern und durch das Studium der Erscheinungswelt erlangt werden; es befriedigt mich nicht länger, denn die Wissenschaft kann nicht die letzte Wahrheit enthüllen. Ich wünsche zu wissen, was das Höchste ist. Gibt es irgendetwas, durch dessen Erkenntnis ich die Realität des Universums wissen kann«?

Der Weise erwiderte: »Ja, das gibt es; und die Erkenntnis ist die Höchste, durch die du die wahre Natur alles dessen, was im Universum ist, erkennen kannst«. Und er fuhr fort: »Erkenne dich selbst. Wenn du die Natur deines wahren Selbstes erkennen kannst, so wirst du auch die Realität des Universums kennen. In deinem wahren Selbst, wirst du die Ewige Wahrheit finden, die unendliche Quelle aller Phänomene. Indem du das erkennst, wirst du Gott und seine ganze Schöpfung erkennen«.

Indem wir die chemischen Zusammensetzungen eines Wassertropfens kennen, wissen wir die Eigenschaften alles Wassers, wo immer es auftritt; so können wir, wenn wir wissen, wer und was wir in Wirklichkeit sind, die letzte Wahrheit des Universums verwirklichen. Der Mensch ist eine Darstellung des Universums. Das, was im Makrokosmos existiert, wird auch im Mikrokosmus gefunden. Daher ist die Erkenntnis unseres wahren Selbstes die Höchste. Unser wahres Selbst ist göttlich und Eins mit Gott. Das mag uns gegenwärtig nur als eine Theorie erscheinen, aber je mehr wir uns dem Endziel der Wahrheit nähern, umso deutlicher werden wir verstehen, dass es keine Theorie ist, sondern eine Tatsache, dass wir jetzt im Schlafe der Unwissenheit träumen und uns einbilden, diese oder jene besondere Person zu sein. Aber da alle Erfahrung, die wir im Traum gewinnen, uns nachher von wenig Bedeutung erscheint, so werden wir aus diesem Schlaf erwachen und finden, dass alles Suchen in den verschiedenartigen Zweigen der Wissenschaft von der Selbsterkenntnis abhängt und dass die Selbsterkenntnis die Grundlage ist, auf der die Struktur der phänomenalen Erkenntnis ruht.

Erkenntnis des Selbstes oder des Atman ist also das Höchste von allem. Es ist das Ideal der Yogawissenschaft und sollte unser Lebensziel sein. Wir sollten es für unsere erste Pflicht halten, diese Selbsterkenntnis zu erlangen, ehe wir daran gehen irgendetwas über die Gegenstände der Sinneswahrnehmung zu lernen. Wie können wir das er halten? Nicht aus Büchern noch durch das Studium der äußeren Erscheinungen, sondern durch das Eingehen in unsere eigne Natur und durch die Ausübung der verschiedenen Yogazweige.

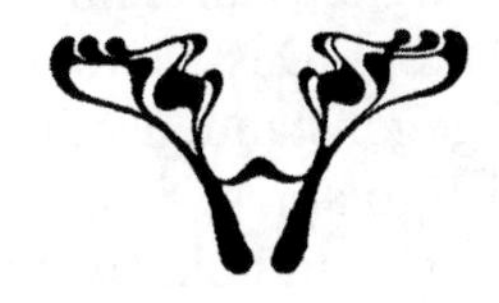

# WAR CHRISTUS EIN YOGI?

## VON SVAMI ABHEDANANDA

### FREI ÜBERSETZT VON GABRIELLA FRANCHETTI

Wenn wir erwägen, ob Christus ein Yogi war oder nicht, sollten wir zuerst verstehen, wie geistig und wie göttlich einer sein muss, ehe er ein Yogi genannt werden kann. Ein wahrer Yogi muss rein, keusch, fleckenlos, aufopfernd und der absolute Herr seiner selbst sein. Demut, Uneigennützigkeit, Vergeben und Festigkeit für seinen Zweck müssen seinen Charakter schmücken. Das Gemüt eines wahren Yogi sollte nicht an Sinnengegenständen oder Sinnesfreuden hängen. Er muss frei von Egoismus, Stolz, Eitelkeit und irdisch ein Ehrgeiz sein. Die vergängliche Natur der Erscheinungswelt kennend und über das Elend, Leiden, die Sorgen und Krankheiten nachdenkend, die unsere irdische Existenz bedrücken, sollte er dem Anhängen an äußere Dinge entsagen, die nur flüchtige Eindrücke von Vergnügen erzeugen und sollte alles Anklammern an die Welt, überwinden, das dem gewöhnlichen Sterblichen so schwer fällt.

Ein wahrer Yogi fühlt sich nicht glücklich, wenn er in Gesellschaft weltlich gesinnter Personen ist, die auf dem Sinnenplane wie Tiere leben. Er ist nicht gebunden durch Familienbande. Er beansprucht nicht, dass dieses sein Weib und diese seine Kinder sind, sondern, da er im Gegenteil verwirklicht hat, dass jede individuelle Seele ein Kind unsterblicher Glückseligkeit ist und zur göttlichen Familie gehört, löst er alle Familienbeziehungen und wird so vollkommen frei. Ein wahrer Yogi behält seinen Gleichmut angesichts aller Unannehmlichkeiten als auch aller angenehmen Erfahrungen des

Lebens; und wenn er so über das Gute und Böse emporsteigt, wird er vom Erfolg oder Fehlschlag, Sieg oder Niederlage unberührt bleiben, die ihm als das Resultat der Handlungen, des Körpers und Gemütes begegnen.

Ein wirklicher Yogi muss ferner unerschütterliche Ergebung zum höchsten Geist, der allmächtigen und allwissenden Seele unserer Seelen haben und beweisend, dass sein Körper und Gemüt der Spielplatz des alles vollbringenden kosmischen Willens sind, sollte er seinen individuellen Willen dem Universalwillen unterordnen und immer bereit sein, für andere zu arbeiten, für andere zu leben und für andere zu sterben. Alle seine Werke sollten, solange er in der Gesellschaft lebt, eine freie Gabe für die Welt und für das Wohl der Menschheit sein; aber zu anderen Zeiten sollte er sich abschließen, allein leben und sich beständig dem höchsten geistigen Wissen zuwenden, das im Zustand der All-Bewusstseinserweiterung, durch Betrachtung über die individuelle Seele mit Gott., dem Universalgeist, erlangt werden kann.

Ein wahrer Yogi muss dieselbe Göttlichkeit in allen lebenden Geschöpfen erblicken. Er sollte auch alle menschlichen Wesen in gleicher Weise lieben. Er sollte weder Freund noch Feind im gewöhnlichen Sinn dieser Wendungen haben. Ein wahrer Yogi ist vom lachte der göttlichen Weisheit erleuchtet, deshalb bleibt ihm nichts unbekannt. Zeit und Raum können seine Erkenntnis und Weisheit nicht beschränken. Vergangenheit und Zukunft werden ihm wie Dinge erscheinen, die sich vor seinen Augen abspielen. Für ihn hat das Licht der göttlichen Weisheit die Finsternis der Unwissenheit vertrieben, die ihn verhinderte, die wahre Natur da: Seele zu realisieren und die uns schlecht, egoistisch und sündig machen. Alle physischen und spirituellen Kräfte dienen ihm als ihren wirkliehen Herrn. Was er auch sagt, wird sicher eintreffen. Er spricht nie ein Wort vergebens aus. Wenn er zu einem trauernden und leidenden Menschen sagt: »Sei du ganz«! wird diese Person augenblicklich getröstet sein.

Die Gewalt eines wahren Yogi ist unbegrenzt, und es gibt nichts in der Welt, das er nicht tun könnte. Er hat, in der Tat, freie Verfügung über die Vorratskammer unendlicher Kräfte; aber er zieht keine Kraft hier heraus, nur um seine momentane Neugierde zu befriedigen, selbstsüchtige Zwecke zu verfolgen, oder Reichtum und Ruhm zu gewinnen oder irgendeinen Vorteil zu erringen. Er sucht kein weltliches Glück und bleibt von den Resultaten seiner Arbeit unberührt. Lob oder Tadel stören den Frieden seiner Seele nicht. Engel und Lichtgestalten und die Geister der Vorfahren, genießen seine Gegenwart und bewundern ihn. Ein wahrer Yogi wird von allen verehrt. Da er kein eigenes Besitztum und keine Heimat hat, wandert er von Ort zu Ort und zeigt, dass das Himmelszelt das Dach seiner weltlichen Heimat ist. Er wird selbst gern von solchen gesehen, die, seinen Stand, Glauben und seine Nationalität verlachen, und mit liebendem Herzen segnet er die, die ihn verletzen, zurückstoßen oder verfluchen. Wenn sein Körper gemartert und in Stücke geschnitten würde, nimmt er keine Rache, sondern betet im Gegenteil für das Wohlergehen seiner Verfolger. Solcherart ist der Charakter eines wahren Yogi. Von den ältesten Zeiten an gab es viele solcher Yogis in Indien und anderen Ländern. Die Beschreibung ihrer Lehren und Taten sind fernerhin ebenso wunderbar und authentisch, wie das Leben und die Taten des glorreichen Menschensohnes, der vor fast zweitausend Jahren in Galiläa predigte. Die Gewalt und die Werke dieses sanften, demütigen und aufopfernden Gottesmenschen, der in der ganzen Christenheit als die ideale Fleischwerdung Gottes angebetet wird, haben bewiesen, dass er der vollkommene Typus eines Menschen war, der in Indien ein wahrer Yogi genannt wird. Jesus Christus wurde von seinen Jüngern und Nachfolgern nicht nur als ein außerordentlich Einziger Charakter gepriesen, sondern auch als der eingeborene Sohn Gottes; und es ist ganz natürlich für die, die nichts über das Leben und die Taten ähnlicher Charaktere großer Yogis und Inkarnationen Gottes, die zu verschiedenen Zeiten vor und nach der christlichen Zeitrechnung gelebt haben, wissen, zu glauben, dass keiner jemals die geistige Höhe und eine solche Verwirklichung der Einheit mit dem himmlischen Vater erreicht hat, wie Jesus von Nazareth.

Die größere Hälfte des Lebens Jesu ist uns gänzlich unbekannt; und da er keine systematische Lehre, betreffs der Methode, durch die man seinen Zustand des Gottesbewusstseins erlangen kann, hinterließ, gibt es keinen Weg, um ausfindig zu machen, was er während der 18 Jahre, die seit seinem öffentlichen Leben verstrichen waren, tat oder ausübte. Es ist deshalb außerordentlich schwer, sich eine klare Vorstellung zu machen, welchem Pfad er nachging. Aber wir können uns vorstellen, dass er mit ungewöhnlich entwickelten geistigen Fähigkeiten geboren war, und sein Leben und seine Zeit auf solche Übungen verwendet haben muss, die ihn zur Verwirklichung absoluter Wahrheit und zur Erlangung des göttlichen Bewusstseins geführt haben. das ihm schließlich einen Platz unter den größten spirituellen Führern der Welt, als auch unter den uneigennützigsten Erlösern der Menschheit gab.

Indien ist das einzige Land, in dem nicht nur ein vollständiges System von Übungen gefunden werden kann, sondern auch eine vollkommene Methode, durch die geeignete Aspiranten in der Christenheit zu der geistigen Entfaltung und göttlichen Erleuchtung kommen können, die Jesus von Nazareth vor der Welt als den idealen Typus spiritueller Vollkommenheit erscheinen ließ. Indem man das Leben und die Taten der großen Hindu-Yogis, ihre höchst systematischen und wissenschaftlichen Lehren verfolgt und getreulich ihr Beispiel nachahmt, kann ein ernster Jünger durch die in den verschiedenen Zweigen der Vedantaphilosophie gegebenen Übungen hoffen, eines Tages ebenso vollkommen zu werden wie des Menschen Sohn. Diese Versicherung muss *der* Seele ein Trost sein, die für die Erlangung geistiger Vollkommenheit in diesem Leben kämpft. Eine Eigenheit der Lehren der großen Yogis von Indien ist jedoch, dass die Erlangung der spirituellen Vollkommenheit das Ziel für *alle* ist, und dass *jede* individuelle Seele, die gebunden ist, früher oder später vollkommen sein wird, sogar so, wie es Christus war. Sie behaupten, dass geistige Wahrheiten und geistige Gesetze ebenso universell sind, wie die Wahrheiten und Gesetze der materiellen Welt und dass die Realisation dieser Wahrheiten nicht auf eine bestimmte Zeit, Persönlichkeit oder Gegend beschränkt werden kann. Wenn man folglich die Yogawissenschaft studiert, wird man leicht die höheren Gesetze und Prinzipien verstehen, eine Mühe, durch die man die Mysterien begreifen lernt, mit denen das Leben und die Taten der Heiligen, Weisen oder Inkarnationen Gottes, wie Krischna, Buddha oder Christus, zusammenhängen.

Ein genialer Wahrheitssucher beschränkt seine Studien nicht auf ein besonderes Exempel, sondern blickt auf ähnliche Fälle in dem Leben aller Großen und zieht keinen Schluss, bis er nicht das universelle Gesetz entdeckt hat, das sie alle beherrscht. Z. B. sagte Jesus: »Ich und mein Vater sind Eins«! Sagte er es allein oder gebrauchten viele andere, die vor und nach ihm lebten, und nichts von seinen Aussprüchen wussten, ähnliche Ausdrücke? Krischna erklärte: »Ich bin der Herr des Universums«. Buddha sagte: »Ich bin die absolute Wahrheit«! Ein Mohammedanischer Sufi sagt: »Ich bin Er«; während jeder wahre Yogi erklärt: »Ich bin das Brahman«. Solange wir nicht das Prinzip verstehen, das solchen Aussprüchen zugrunde liegt, erscheinen sie uns geheimnisvoll, und wir können ihre wahre Bedeutung nicht erfassen; sobald wir aber die wahre Natur der Seele und ihre Beziehung zum Universalgeist oder Gott oder den Vater im Himmel erkannt haben, begreifen wir das Prinzip, und es gibt dann weiter kein Mysterium. Wir sind also sicher, dass, wer immer diesen Zustand der geistigen Einheit oder das Gottesbewusstsein erreicht hat, denselben Gedanken in ähnlicher Weise ausdrücken wird. Wenn wir daher den Charakter und die Wundertaten Jesu von Nazareth verstehen wollen, so ist uns der sicherste Weg zum Studium der Yogawissenschaft offen als auch die Praxis seiner Methoden.

Diese Yogawissenschaft erklärt, wie schon erwähnt, alle Mysterien, enthüllt alle Ursachen der Wunder und beschreibt die Gesetze, die sie regieren. Sie hilft uns die Naturgeheimnisse zu enträtseln und den Ursprung solcher Phänomene zu entdecken, die Wunder genannt werden. Alle Wunder wie: das Wandeln auf dem Meere, die Speisung einer Menge mit wenig Brot, das Erwecken der Toten, von denen wir im Leben Jesu lesen, sind von den Yogis als Manifestationen der Kräfte beschrieben worden, die durch lange Yogapraxis entwickelt werden. Das sind keine übernatürlichen Kräfte; im Gegenteil, sie sind in der Natur enthalten, werden von höheren Kräften regiert und sind daher universell. Wenn diese Gesetze verstanden werden, erscheint das, was von unwissenden Leuten ein Wunder genannt wird, als das Resultat feinerer Kräfte, die auf einem höheren Plane wirken. Es gibt nichts Derartiges wie absolute Übernatürlichkeit. Wenn die Vorstellung einer Person von der Natur sehr beschränkt ist, erscheint ihr das als übernatürlich, was jenseits der Schranke erscheint, während einer anderen, deren Idee weiter ist, dasselbe Ding natürlich erscheinen muss. Daher wird das Wunder oder der besondere Akt, der von einem Christen als ein Wunder klassifiziert wird, von einem Yogi als das Resultat feinerer Naturkräfte erklärt. Warum? Weil seine Vorstellung von der Natur viel weitgehender als die eines gewöhnlichen Menschen ist. Wir dürfen nicht vergessen, dass die Natur unendlich ist, dass es Grade hinter Graden und Pläne auf Plänen gibt, die sich in unermesslicher Reihe folgen; und das Verlangen eines Yogi besteht darin, alle die Gesetze, die diese verschiedenen Pläne beherrschen, kennen zu lernen und jede Kraftäußerung zu studieren, einerlei, ob sie fein oder grob ist. Sein Gemüt ist nicht mit der Kenntnis eines besonderen Daseinsplanes befriedigt; sein Ziel ist es, die ganze Natur zu erforschen.

Die, die das Evangelium Buddhas von Paul Carus gelesen haben, werden sich erinnern, dass 500 Jahre vor der Geburt Jesus, des Christus, Buddhas glorreicher Jünger Schâripûtra die Oberfläche eines mächtigen Stromes namens Schrâvasti überschritt. Eine ähnliche Erzählung von »Wandeln auf dem Wasser« finden wir im Leben Padmapadas, des Schülers von Sankaracharya, den besten Verbreiter der Vedantaphilosophie, der um 600 A. D. lebte. Krischna, der Hindu Christus, des anderer Name Herr der Yogis lautet, erweckte die Toten zirka 4000 Jahre vor der Ankunft Christi. Die Verklärung Krischnas ist ebenso wunderbar im 10. und 11. Kapitel des »Himmlischen Gesanges« beschrieben, und wie Christus speiste auch er eine Menge Volk mit einer kleinen Quantität Brot. Es gibt noch ähnliche Beispiele, die uns von großen Yogis, die später kamen, gezeigt wurden; und diese Erzählungen sind ebenso historisch verbürgt wie die von Jesus. So sehen wir also, dass alle Wunder, die Christus vollbracht hatte, ebenso in den Leben der Hindu-Yogis gefunden werden, die vor und nach ihm lebten.

Solange ein Fall vereinzelt dasteht, erscheint er übernatürlich und wunderbar; aber sehen wir dasselbe Ding anderswo unter ähnlichen Bedingungen eintreten, so müssen wir den Aspekt eines natürlichen Geschehnisses annehmen, das von natürlichen Gesetzen ausgeht, und dann kommt eine eigentliche Lösung des Mysteriums als auch die rationelle Erklärung dessen, das ein Wunder genannt wird. Darin gerade leistet die Yoga-Wissenschaft der Welt einen speziellen Dienst, denn sie hilft uns mehr als irgendeine andere Wissenschaft die Geheimnisse der Natur zu enträtseln, als auch die Ursache aller Wundertaten zu erklären.

Ein wahrer Yogi geht zur Quelle aller Kräfte und Phänomene, erforscht die jenseitigen Gesetze und lernt die Methode, sie zu kontrollieren. Er weiß, dass die verschiedenen Naturkräfte nur der Ausdruck der einen universellen, lebenden, intelligenten Energie sind, die im Sanskrit »Prana« genannt wird. Er sieht, dass die ganzen Kräfte der physischen Natur wie: Hitze, Gravitation und Elektrizität, sowie alle geistigen Kräfte: Gemüt, Verstand, Gedanke, nichts als die Manifestationen jener lebenden, selbstexistierenden Kraft, »Prana«

sind. Diese intelligente Energie setzt aus ihrem Schoß unzählige Sonnen, Monde, Sterne und Planeten in den physischen Raum. Sie hat unsere Erde aus der glühenden Masse der Sonne geschleudert, sie gekühlt, in Luft und Wasser gebadet und mit dem Leben der Pflanzen und Tiere bekleidet. Sie schwingt in der Atmosphäre mit Wolken und breitet Flüsse auf den Ebenen aus; sie verwandelt eine winzige Substanz in etwas Riesenhaftes und Grobes. Sie bewegt den Körper, gibt jedem Atom und Molekül Leben und Bewegung und manifestiert sich gleichzeitig als Gedanke und Intellekt.

Warum sollte es für einen, der seine Einheit mit diesem Urquell aller Kraft realisiert hat, der die Methode kennt, alle Erscheinungen der Dinge durch die sie beherrschenden Gesetze zu begreifen, der ein Herr der Welt wie Christus war, unmöglich sein, so einfache Phänomene wie das Wandeln auf dem Meere, die Verwandlung des Wassers in Wein oder die Auferweckung der Toten zu vollbringen? Nach einem wahren Yogi waren diese Handlungen Jesu nur wenige Kundgebungen der Yogakräfte, die immer wieder von den Yogis in Indien ausgeübt wurden. So verstehen wir, dass Christus einer dieser großen Yogis war, der in einer semitischen Familie geboren wurde.

Jesus war ein großer Yogi, denn er bewahrheitete die transitore und vergängliche Natur der Erscheinungswelt, unterschied das Wirkliche vom Unwirklichen und entsagte allem Vorlaugen nach weltlichen Freuden und körperlichen Bequemlichkeiten. Wie ein großer Yogi lebte er ein Leben der Einsamkeit, indem er alle Bande irdischer Freunde und Verwandten durchschnitt und weder Heimat noch eigenes Besitztum hatte.

Jesus Christus war ein großer Karma Yogi, denn er arbeitete nie für Belohnungen. Er hatte kein Verlangen nach Namen und Ruhm noch nach irdischem Glück. Er arbeitete für andere, widmete sein ganzes Leben der Hilfe andere! und starb zuletzt für andere. Er wirkte unaufhörlich für das Wohl seiner Nächsten, wenn er sie vermittelst uneigennütziger Werke auf den Pfad rechter, geistiger Realisation hinlenkte. Er verstand das Gesetz von Ursache und Wirkung, und aus diesem Grunde erklärte er: »Was ein Mensch säet, das wird er auch ernten!«

Jesus von Nazareth zeigte sich als ein großer Bhakta Yogi, als ein wahrer Gott liebender, durch seine ungetrübte Ergebung und aufgehende Liebe in den himmlischen Vater. Seine unaufhaltsamen Gebete und fortwährenden Bitten, seine beständige mystische Betrachtung und heitere Unterwerfung unter den Willen des Allmächtigen ließen ihn gleich einem herrlichen Morgenstern am Horizont der Liebe und Hingebung eines wahren Bhakta Yogi erglänzen. Christus zeigte wunderbare Selbstbeherrschung durch alle seine Qualen und Leiden. Seine Sorgen, Todesangst und Aufopferung zur Zeit seines Todes sowohl als vor der Kreuzigung sind ein fester Beweis, dass er ein menschliches Wesen mit den göttlichen Eigenschaften war, die die Seele eines wahren Bhakta-Yogi schmücken. Es ist wahr, seine Seele erschöpfte sich eine Weile unter der Last der Mühsale und Leiden; es ist ferner wahr, dass er seine Schmerzen fast aufs unerträglichste fühlte, als er dreimal Gott bittend ausrief: »O mein Vater, wenn es möglich ist, lass diesen Kelch von mir gehen!« Aber er fand weder Frieden noch Trost, bis er seinen Willen ganz dem Willen des Vaters untergeordnet hatte und aus dem Grunde seines Herzens sprechen konnte: »Dein Wille geschehe«. — Vollständige Unterwerfung und Selbstentsagung sind Haupttugenden des Bhakti-Yoga, und da Christus diese bis zum letzten Augenblick seines Lebens in vollkommenem Maße besaß, war er ein wahrer Bhakta-Yogi.

Wie die großen Raja-Yogis in Indien, kannte Jesus das Geheimnis, seine Seele von ihrer physischen Hülle zu trennen, und er zeigte das zur Zeit seines Todes, während sein Körper äußerste Schmerzen litt, indem er sagte: »Vater, vergib ihnen, denn sie wissen nicht, was sie tun.« Es ist ein ganz ungewöhnlicher Fall, jemand für die Verzeihung seiner

Verfolger bitten zu sehen, aber vom Standpunkt eines Yogi ist es nicht nur möglich, sondern natürlich. Râmakrischna, der größte Yogi des XIX. Jahrhunderts, dessen Leben und Aussprüche von Max Müller beschrieben sind, wurde einst gefragt: »Wie konnte Jesus für seine Verfolger beten, da er im Todeskampf am Kreuze hing«? Râmakrischna antwortete durch ein Gleichnis: »Wenn die Schale einer gewöhnlichen grünen Kokosnuss durchbohrt wird, so durchdringt der Nagel auch den Kern. Aber falls die Nuss trocken (reif) ist, trennt sich die Schale, und so, wenn sie getroffen wird, bleibt der Kern unberührt. Jesus war wie die reife Nuss, d.h., sein Inneres war von seiner physischen Hülle losgelöst und folglich berührten ihn die körperlichen Leiden nicht«. Also konnte er für seine Feinde beten, wenn auch sein Körper Qualen litt, und alle wahren Yogis sind imstande, dasselbe zu tun. Es hat viele Beispiele solcher Yogis gegeben, deren Körper in Stücken geschnitten wurden, aber deren Seelen nicht einen Augenblick den Frieden und das Gleichgewicht verloren, das Jesus befähigte, seinen Verfolgern zu vergeben und sie zu segnen. Durch dieses bewies Christus, wie andere Yogis, dass seine Seele von den Fesseln des Körpers und der Gefühle vollständig losgelöst war. Daher war er ein Raja-Yogi.

Durch den Pfad der Erkenntnis und Weisheit erlangte Jesus die Einheit der individuellen Seele mit dem Vater oder Universalgeist, das das Ideal eines Juana-Yogi sowie das letzte Ziel aller Religionen ist. Ein Juana-Yogi sagt: »Ich bin das Brahman«, »ich bin die Wahrheit«; »ich bin Eins mit dem Höchsten«. Durch gute Werke, Ergebung, Liebe, Konzentration, Betrachtung, langes Fasten und Gebet, realisierte Jesus Christus, dass seine Seele Eins mit Gott war, und daher kann gesagt werden, dass er das Ziel Juana-Yogas erreichte.

Wie Krischna, Buddha und alle großen Hatha-Yogis, heilte Jesus die Kranken, öffnete die Augen der Blinden, machte die Lahmen gehend und las die geheimen Gedanken seiner Jünger. Er wusste genau, was Judas und Petrus im Begriff zu tun waren; aber es war nichts Übernatürliches in seinen

Handlungen, was nicht aufs Neue von einem wahren Yogi getan werden kann, und es gibt nichts in seinem Leben, was nicht durch die Yoga-Wissenschaft und die Vedanta-Philosophie rationell erklärt werden kann. Ohne die Hilfe dieser Wissenschaft kann der Christus Jesus nicht völlig verstanden und geschätzt werden. Wenn wir seinen Charakter im laichte der Vedanta-Philosophie studieren, werden wir nicht nur fähig sein, ihn besser zu verstehen, sondern auch eine größere Wertschätzung seiner wahren Glorie haben.

Die materialistische Wissenschaft höhnt jetzt über seine Wunder, aber sie sind in der Yoga-Wissenschaft angesammelt und durch die Taten der großen Yogis Indiens bestätigt. Kein gläubiger Christ braucht für einen Augenblick zu fürchten, dass physische Wissenschaft je das Werk des Christus untergraben kann, solange die Yoga-Lehre existiert, um alles aufrecht zu erhalten, was er tat. Lasst ihm den Charakter von Jesus durch die Vedanta-Philosophie studieren, und ich bin sicher, er wird ihn mehr verstehen und ein besserer Christ, ein treuerer Jünger des Erlösers werden, wie je zuvor. Lasst ihm die Lehren des Yoga befolgen, und er wird eines Tages vollkommen wie Christus sein.

Es ist Tatsache, dass vermittelst des Vedanta die Hindus gelernt haben, den Charakter des Jesus zu verherrlichen; so wird auch ein Christ durch den Vedanta lernen, die großen Yogis wie Krischna, Buddha, Ramakrischna und andere zu verehren. Durch den Vedanta wird ein Christ imstande sein, zu sehen, wie die Gottheit, in all den belebten und unbelebten Gegenständen wohnt, und so, den Sinn der wahren Beziehung der individuellen Seele zum höchsten Geist verstehend, wird er befähigt sein, mit dem großen Yogi Jesus, dem Christus, zu sagen: »Ich und mein Vater sind Eins« und Erlösung in diesem Leben finden.

# INHALT